ĕ

Collana Brĕvitĕr

# DIRITTO PENALE

## PARTE GENERALE

**intra**

Collana Brĕvitĕr

*Quantum necesse est*

# PREMESSA

I volumi della **Collana Brĕvitĕr** sono caratterizzati da un approccio essenziale, realizzato anche attraverso un linguaggio ed una grafica che favoriscono la consultazione e la memorizzazione.

Non sostituendo manuali e trattati tradizionali, rappresentano un supporto pratico per quanti debbano preparare un esame o un concorso, ma anche per i professionisti e per tutti coloro che abbiano necessità di conoscere, riprendere e fissare i fondamenti di singole discipline giuridiche.

# Nota di lettura

Il **grassetto** indica argomenti rilevanti e possibile oggetto di rimando.

Il *corsivo* è utilizzato per tutti i termini classici e stranieri.

Gli articoli citati senza indicazione del *corpus* appartengono al Codice penale. I testi normativi possono riportare al loro interno una numerazione dei commi aggiuntiva rispetto al testo originale – [1] ecc. – e ciò solo per agevolare la lettura della fonte.

La citazione di casi ed esemplificazioni pratiche è preceduta dall'indicazione "<u>ad es.</u>", mentre quella di orientamenti dottrinali e giurisprudenziali dai termini DOTTRINA e GIURISPRUDENZA così evidenziati.


# Elenco delle principali abbreviazioni

| | |
|---|---|
| art. | articolo |
| c. | comma |
| c.c. | Codice civile |
| Cost. | Costituzione |
| disp. prel. | Disposizioni preliminari al c.c. |
| c.p. | Codice penale |
| D.L. | Decreto legge |
| D.Lgs. | Decreto legislativo |
| D.Lgt. | Decreto luogotenenziale |
| L. | Legge |
| L.C. | Legge Costituzionale |
| L.F. | Legge fallimentare |
| o.p. | Ordinamento penitenziario |
| R.D. | Regio decreto |
| u.c. | ultimo comma |

# PARTE PRIMA
# LA LEGGE PENALE

# CAPITOLO 1
# FONTI, PRINCÌPI E LIMITI

## 1.1. Definizioni preliminari

Il **diritto penale** è quella parte del diritto pubblico che disciplina i fatti costituenti reato. Si definisce **reato** ogni fatto umano alla cui realizzazione la legge riconnette sanzioni penali.

La **norma penale** è una norma imperativa, valutativa e ha carattere statuale: impone un divieto o un obbligo che va necessariamente osservato, valuta quando una condotta sia antisociale e da punire, e può essere emanata soltanto dallo Stato. È formata, di regola, da due elementi:

a) un **precetto** che si identifica con il comando o il divieto imperativo da osservare, e che nel suo enunciato dà vita alla fattispecie legale;

b) una **sanzione**, ovvero la conseguenza giuridica derivante dalla violazione del precetto.

Sono sanzioni penali la pena e la misura di sicurezza: entrambe tendono al duplice obiettivo di difendere la società dal delitto e di risocializzare il soggetto che lo ha commesso. Il ricorso alla sanzione penale ha un'attitudine preventiva che si dispiega in una duplice forma:

a) la minaccia della sanzione penale tende a distogliere la generalità dei consociati dal commettere reati (**prevenzione c.d. generale**);

b) la concreta inflizione della pena mira a impedire che il singolo autore del reato torni a delinquere (**prevenzione c.d. speciale**).

Il diritto penale contribuisce nel suo complesso ad assicurare le condizioni essenziali della convivenza, tutelando i **beni giuridici**: sono definiti tali i beni socialmente rilevanti considerati meritevoli di protezione penale in ragione della loro importanza e utilità per il sistema sociale o per una sua parte.

## 1.2. Il codice penale e la sua struttura

Il codice penale italiano (promulgato nel 1930 e noto come "codice Rocco" dal nome del suo principale estensore, il guardasigilli del Governo Mussolini Alfredo Rocco) assieme alla Costituzione e alle leggi speciali è una delle fonti del diritto penale italiano.

È costituito da una parte generale e da una parte speciale:

a) la **parte generale** ricomprende la disciplina dei criteri (oggettivi e soggettivi) di imputazione del fatto delittuoso al suo autore, delle conseguenze giuridiche del reato e di ogni altro elemento condizionante la punibilità;

b) la **parte speciale** contiene il catalogo delle fattispecie che descrivono i singoli comportamenti illeciti ed è organizzata secondo un criterio sistematico che fa capo al concetto di bene giuridico di categoria, secondo il quale vengono ricompresi in uno stesso raggruppamento i reati che offendono un medesimo bene (<u>ad es.</u> la persona o il patrimonio).

Il codice penale è stato oggetto, nel corso dei decenni, di numerosi interventi riformatori. Occorre tuttavia tenere presente che la parte speciale del codice non contiene tutta l'area di ciò che risulta penalmente rilevante e sanzionato, in quanto esiste una moltitudine di **leggi penali speciali o complementari** intervenuta introducendo fattispecie penali (ad es. si pensi alle leggi speciali in materia di tutela dell'ambiente, del territorio, degli alimenti ecc.).

## STRUTTURA DEL CODICE PENALE
### R.D. 19 OTTOBRE 1930, N. 1398

| PARTE | RUBRICA | ARTT. |
| --- | --- | --- |
| **Libro primo** | **Dei reati in generale** | |
| Titolo I | Della legge penale | 1-16 |
| Titolo II | Delle pene | 17-38 |
| Titolo III | Del reato | 39-84 |
| Titolo IV | Del reo e della persona offesa dal reato | 85-131 |
| Titolo V | Della modificazione, applicazione ed esecuzione della pena | 131bis-149 |
| Titolo VI | Della estinzione del reato e della pena | 150-184 |
| Titolo VII | Delle sanzioni civili | 185-198 |
| Titolo VIII | Delle misure amministrative di sicurezza | 199-240bis |
| **Libro secondo** | **Dei delitti in particolare** | |
| Titolo I | Dei delitti contro la personalità dello Stato | 241-313 |
| Titolo II | Dei delitti contro la Pubblica amministrazione | 314-360 |
| Titolo III | Dei delitti contro l'amministrazione della giustizia | 361-401 |
| Titolo IV | Dei delitti contro il sentimento religioso | 402-413 |
| Titolo V | Dei delitti contro l'ordine pubblico | 414-421 |
| Titolo VI | Dei delitti contro l'incolumità pubblica | 422-452 |
| Titolo VII | Dei delitti contro la fede pubblica | 453-498 |
| Titolo VIII | Dei delitti contro l'economia pubblica | 499-518 |
| Titolo IX | Dei delitti contro la moralità pubblica e il buon costume | 519-544 |
| Titolo IX-bis | Dei delitti contro il sentimento per gli animali | 544bis-544sexies |

| Titolo X | Dei delitti contro l'integrità e la sanità della stirpe | 545-555 |
|---|---|---|
| Titolo XI | Dei delitti contro la famiglia | 556-574bis |
| Titolo XII | Dei delitti contro la persona | 575-623ter |
| Titolo XIII | Dei delitti contro il patrimonio | 624-649bis |
| **Libro terzo** | **Delle contravvenzioni in particolare** | |
| Titolo I | Delle contravvenzioni di polizia | 650-730 |
| Titolo II | Delle contravvenzioni concernenti l'attività sociale della pubblica amministrazione | 731-734 |
| Titolo III | Delle contravvenzioni concernenti la tutela della riservatezza | 734bis |

## 1.2.1. La riserva di codice in materia penale

**Art. 3-bis – Principio della riserva di codice**
Nuove disposizioni che prevedono reati possono essere introdotte nell'ordinamento solo se modificano il codice penale ovvero sono inserite in leggi che disciplinano in modo organico la materia.

Con la riserva di codice – introdotta dall'art. 1 c. 1 D.Lgs. 1° marzo 2018, n. 21 – il legislatore ha avuto di mira una razionalizzazione del sistema penale, inserendo nel codice alcune norme che prima si trovavano nelle leggi speciali, e prevedendo espressamente la possibilità di introdurre nuove disposizioni incriminatrici solo nell'ambito del codice penale stesso o di un corpo normativo organico.

Con il termine '**codice**' contenuto nella rubrica della disposizione il legislatore non intende riferirsi solo al codice in senso tecnico, ma a qualsiasi raccolta normativa che disciplini in modo organico una certa materia.

Tale norma si colloca nella scia dell'attuazione dell'art. 27 Cost., in virtù del quale, accanto alla funzione repressiva e sanzionatoria, si colloca quella rieducativa della pena. Ogni cittadino, per rispondere delle proprie azioni attraverso l'espiazione di una giusta pena, deve innanzitutto essere messo in grado di conoscere esattamente le norme penali, la loro portata e le precise conseguenze di una loro infrazione.

Il D.Lgs. n. 21/2018 si è preoccupato innanzitutto di trasporre nel Codice penale, quando possibile e opportuno senza creare delle disomogeneità e abrogando contestualmente le previsioni incriminatrici delle corrispondenti leggi speciali, diverse norme. Tra le più rilevanti troviamo: il doping; la disciplina relativa alla discriminazione razziale, etnica, nazionale e religiosa; le disposizioni che puniscono l'interruzione di gravidanza non consensuale, dolosa, colposa e preterintenzionale; il delitto di traffico illecito di rifiuti; le circostanze aggravanti dei delitti commessi avvalendosi delle modalità mafiose ovvero di delitti con finalità di terrorismo.

## 1.3. Il principio di legalità

**Art. 25 c. 2 Cost.**
Nessuno può essere punito se non in forza di una legge che sia entrata in vigore prima del fatto commesso

**Art. 1**
Nessuno può essere punito per un fatto che non sia espressamente preveduto come reato dalla legge, né con pene che non siano da essa stabilite.

**Art. 199**
Nessuno può essere sottoposto a misure di sicurezza che non siano espressamente stabilite dalla legge e fuori dei casi dalla legge stessa preveduti.

Il principio di legalità è il principio in base al quale nessuno può essere punito se un fatto non è considerato reato da un'apposita legge. Si tratta della formalizzazione dei principi canonizzati nelle formule latine *nulla poena sine lege* e *nullum crimen sine lege*. Il principio di legalità si articola in quattro sotto-principi:

a) la **riserva di legge**;
b) la **tassatività**;
c) l'**irretroattività** della legge penale;
d) il **divieto di analogia** in materia penale.

## 1.3.1. La riserva di legge

Il principio di riserva di legge esprime il divieto di punire un determinato fatto in assenza di una legge preesistente che lo configuri come reato (esso tende di fatto a sottrarre la competenza in materia penale al potere esecutivo).

La riserva di legge può essere:

a) **assoluta** (esclude cioè che la fattispecie penale, anche per la disciplina di dettaglio, possa essere regolata da qualunque atto che non sia la legge ordinaria);
b) **relativa** (ammette invece che regolamenti e altri atti di normazione secondaria possano contribuire a fissare il contenuto della norma).

Secondo un orientamento seguito di recente anche dalla Corte Costituzionale, la riserva sarebbe assoluta quanto alla pena e relativa quanto al precetto, quando si tratta di integrare la norma con dati squisitamente tecnici (si pensi alle norme in materia di inquinamento, che devolvono al potere esecutivo il compito di stabilire i parametri tecnici).

Insomma, le scelte di fondo relative all'incriminazione rimangono sempre al legislatore ordinario, ma alle fonti secondarie possono essere affidate le specificazioni di dettaglio che hanno mero carattere tecnico (e che possono quindi considerarsi elementi di una fattispecie già delineata in sede legislativa – si pensi ad es. ai decreti del Ministero della Salute con cui vengono periodicamente compilati gli elenchi delle sostanze da considerarsi "stupefacenti").

Occorre tuttavia chiedersi a quale concetto di 'legge' facciano riferimento gli artt. 25 c. 2 Cost. e 1 c.p. Si ritiene che il riferimento non rinvii esclusivamente all'atto normativo emanato dal Parlamento ai sensi degli artt. 70-74 Cost. ('legge' in senso formale), ma anche al **decreto delegato** e al **decreto-legge** (atti aventi forza di legge – sebbene sul punto non siano mancate osservazioni critiche di questa estensione che di fatto contraddice e ridimensiona la potestà legislativa penale del Parlamento).

È invece da escludere dal novero delle fonti in grado di incidere in materia penale la **legge regionale**, fatta eccezione per un suo intervento in funzione 'scriminante' (cioè che conduce all'esclusione della configurabilità di un reato e quindi della sua punibilità). Ad es. si pensi al caso, peraltro piuttosto discusso, dello scarico di inquinanti in acque pubbliche ritenuto non penalmente rilevante in base ad una legge regionale che consenta limiti di tollerabilità superiori a quelli stabiliti dalla legge statale).

Analogo il discorso in merito alla **consuetudine**. Per consuetudine si intende la ripetizione generale, uniforme e costante di un comportamento, accompagnata dalla convinzione della sua corrispondenza ad un precetto giuridico. In diritto penale, in forza del principio di riserva di legge, è riconosciuta l'inattitudine della consuetudine a svolgere funzione incriminatrice o aggravatrice del trattamento punitivo. Risulta tuttavia ammissibile (come appunto nel caso della legge regionale) il ricorso alla consuetudine in funzione scriminante: ciò perché le norme che configurano cause di giustificazione non hanno carattere specificamente penale, per cui le situazioni scriminanti non sono necessariamente subordinate al principio della riserva di legge.

Infine, si pone il problema della **normativa comunitaria,** con riguardo ai soli regolamenti (le uniche norme di diritto immediatamente operanti nell'ordinamento nazionale). Essa non può certamente costituire fonte del diritto penale in quanto il principio di riserva di legge si riferisce solo alla legge 'statale'; può però contribuire, come ogni altra fonte normativa subordinata, alla descrizione della fattispecie attraverso una specificazione tecnica di elementi già previsti dalla legge nazionale, e può anche introdurre cause di giustificazione.

## 1.3.2. Il principio di tassatività. Normi penali imperfette e norme penali in bianco

Il comportamento penalmente sanzionato deve essere individuato dettagliatamente nei suoi estremi. La norma penale deve cioè individuare gli estremi del fatto-reato in essa contenuti in modo che si possa desumere con precisione ciò che è lecito e ciò che è vietato.

Tale principio è detto anche di precisione, o di chiarezza; non è dettato in modo esplicito dal legislatore ma è una conseguenza implicita del principio di legalità, perché esso sarebbe sostanzialmente svuotato di contenuto se la legge indicasse gli estremi dei reati con tanta genericità da far sì che la loro individuazione fosse di fatto lasciata al giudice.

Strumenti di tecnica legislativa atti a garantire la tassatività della fattispecie sono anzitutto i c.d. **elementi descrittivi,** cioè elementi che traggono il loro significato direttamente dalla realtà dell'esperienza sensibile (ad es. i concetti di 'uomo' e 'morte' di cui all'art. 575 - omicidio). Vi sono poi gli **elementi normativi,** cioè gli elementi che necessitano, per la determinazione del loro contenuto, di una integrazione 'dall'esterno' mediante il rinvio ad una norma diversa da quella incriminatrice (<u>ad es.</u> le norme sul furto presuppongono le norme civilistiche in materia di 'altruità' della cosa).

Il principio di tassatività sembrerebbe violato, per alcuni autori, nel caso delle norme penali imperfette e delle norme penali in bianco.

Le **norme penali imperfette** sono quelle che contengono soltanto un precetto o una sanzione.

Le **norme penali in bianco**, invece, sono le norme che contengono una sanzione ben definita ma un precetto indeterminato, con rinvio ad altri atti normativi di grado inferiore (regolamenti, provvedimenti amministrativi).

Tipico esempio di norma penale in bianco è l'art. 650 che sanziona l'inosservanza di un provvedimento legalmente emesso dall'autorità:

> **Art. 650 – Inosservanza dei provvedimenti dell'autorità**
> Chiunque non osserva un provvedimento legalmente dato dall'Autorità per ragione di giustizia o di sicurezza pubblica, o d'ordine pubblico o d'igiene, è punito, se il fatto non costituisce un più grave reato, con l'arresto fino a tre mesi o con l'ammenda fino a euro 206.

La Corte Costituzionale (investita della questione in un caso in cui un automobilista si era rifiutato di esibire il libretto di circolazione all'agente di polizia che glielo aveva ordinato) ha stabilito che nell'art. 650 la materialità della contravvenzione è descritta in tutti i suoi elementi costitutivi, perché sono precisati i caratteri, i presupposti, il contenuto e i limiti dei provvedimenti dell'autorità amministrativa alla cui trasgressione l'art. 650 riconnette la sanzione penale.

## 1.3.3. Il principio di irretroattività e la successione di leggi penali

### Art. 11 c. 1 disp. prel.
[1] La legge non dispone che per l'avvenire: essa non ha effetto retroattivo.

### Art. 25 c. 2 Cost.
[2] Nessuno può essere punito se non in forza di una legge che sia entrata in vigore prima del fatto commesso

### Art. 2 – Successione di leggi penali
[1] Nessuno può essere punito per un fatto che, secondo la legge del tempo in cui fu commesso, non costituiva reato.

[2] Nessuno può essere punito per un fatto che, secondo una legge posteriore, non costituisce reato; e, se vi è stata condanna, ne cessano l'esecuzione e gli effetti penali.

[3] Se vi è stata condanna a pena detentiva e la legge posteriore prevede esclusivamente la pena pecuniaria, la pena detentiva inflitta si converte immediatamente nella corrispondente pena pecuniaria, ai sensi dell'articolo 135.

[4] Se la legge del tempo in cui fu commesso il reato e le posteriori sono diverse, si applica quella le cui disposizioni sono più favorevoli al reo, salvo che sia stata pronunciata sentenza irrevocabile.

[5] Se si tratta di leggi eccezionali o temporanee, non si applicano le disposizioni dei capoversi precedenti.

[6] Le disposizioni di questo articolo si applicano altresì nei casi di decadenza e di mancata ratifica di un decreto-legge e nel caso di un decreto-legge convertito in legge con emendamenti.

Il principio di irretroattività vieta di applicare la legge penale a fatti commessi prima della sua entrata in vigore ed ha rango costituzionale in virtù della previsione di cui all'art. 25 c. 2 Cost. Trova poi una disciplina più articolata nell'art. 2 c.p.: il primo comma ribadisce l'irretroattività della norma incriminatrice, mentre i commi successivi sono ispirati al diverso principio della retroattività di una eventuale norma più favorevole emanata successivamente. Analizziamoli singolarmente.

> **[art. 2 c. 1]** Nessuno può essere punito per un fatto che, secondo la legge del tempo in cui fu commesso, non costituiva reato.

Prevede il **divieto di nuova incriminazione**. È l'ipotesi che ricorre quando una legge introduce una fattispecie di reato prima inesistente. Risponde ad una esigenza generale di giustizia e mira ad evitare il rischio di arbitrio da parte dei detentori del potere politico-legislativo.

> **[art. 2 c. 2]** Nessuno può essere punito per un fatto che, secondo una legge posteriore, non costituisce reato; e, se vi è stata condanna, ne cessano l'esecuzione e gli effetti penali.

La norma allude al fenomeno dell'**abolizione di norme incriminatrici** (c.d. *abolitio criminis* – si pensi all'abrogazione di reati o alla trasformazione di reati in illeciti amministrativi). Non solo gli autori del reato non possono essere più puniti ma, se hanno subìto una sentenza divenuta definitiva, ne cessa l'esecuzione e si estinguono tutti gli effetti penali.

> **[art. 2 c. 3]** Se vi è stata condanna a pena detentiva e la legge posteriore prevede esclusivamente la pena pecuniaria, la pena detentiva inflitta si converte immediatamente nella corrispondente pena pecuniaria, ai sensi dell'articolo 135.

La norma si applica nei casi in cui la nuova legge alleggerisce il **trattamento sanzionatorio** (prevedendo la pena pecuniaria anziché la pena detentiva). In questa ipotesi si applica il regime sanzionatorio più favorevole al reo (tranne nel caso di sentenza già divenuta irrevocabile, in base alla norma immediatamente successiva contenuta nel c. 4).

[**art. 2 c. 4**] Se la legge del tempo in cui fu commesso il reato e le posteriori sono diverse, si applica quella le cui disposizioni sono più favorevoli al reo, salvo che sia stata pronunciata sentenza irrevocabile.

Il c. 4 prevede una **barriera preclusiva** all'applicazione delle disposizioni più favorevoli al reo: quella della sentenza pronunciata e divenuta irrevocabile.

[**art. 2 c. 5**] Se si tratta di leggi eccezionali o temporanee, non si applicano le disposizioni dei capoversi precedenti.

Si definiscono **eccezionali** quelle leggi il cui àmbito di operatività temporale è caratterizzato da accadimenti straordinari (ad es. guerra, epidemie, terremoti ecc.). Sono **temporanee** invece le leggi per le quali è lo stesso legislatore ad aver fissato un termine di durata.

[**art. 2 c. 6**] Le disposizioni di questo articolo si applicano altresì nei casi di decadenza e di mancata ratifica di un decreto-legge e nel caso di un decreto-legge convertito in legge con emendamenti.

[**art. 77 c. 3 Cost.**] I decreti perdono efficacia sin dall'inizio, se non sono convertiti in legge entro sessanta giorni dalla loro pubblicazione.

Il sesto e ultimo comma disciplina l'ipotesi relativa a **decreti-legge non convertiti o convertiti con modifiche**. L'art. 77 Cost. ha posto il principio della cessazione *ex tunc* (da allora) degli effetti del decreto non convertito. Ne consegue che nell'ipotesi di decreti non convertiti che eventualmente introducano, modifichino o abroghino fattispecie penali preesistenti, viene meno la possibilità stessa di configurare una successione di leggi penali nel tempo: il fenomeno della successione presuppone la valida applicazione della legge preesistente al fatto, mentre la caducazione con efficacia *ex tunc* di un decreto-legge ne impedirebbe l'applicazione anche a fatti commessi sotto la sua vigenza.

La ritenuta esclusione del fenomeno successorio, se da un lato appare coerente col disposto dell'art. 77 Cost., suscita dall'altro riserve per gli effetti (negativi) che possono derivare nel caso in cui i decreti non convertiti contengano disposizioni più favorevoli al reo. Sul punto è intervenuta la Corte Costituzionale (sentenza 51/1985) che ha dichiarato l'illegittimità costituzionale del sesto comma dell'art. 2 c.p., nella parte in cui rende applicabili alle ipotesi da esso previste le disposizioni contenute nel secondo e quarto comma dello stesso articolo. Ne consegue l'impossibilità di applicare retroattivamente il decreto non convertito che contenga disposizioni più favorevoli al reo, o abroghi una disposizione previgente, ai fatti pregressi alla sua entrata in vigore. La Corte ha lasciato irrisolta la questione in ordine ai fatti concomitanti, ossia commessi durante il periodo di vigenza del decreto: per essi l'orientamento dominante riconosce la piena operatività del decreto-legge in quanto una diversa conclusione comporterebbe una deroga al principio di irretroattività della legge penale incriminatrice più sfavorevole in violazione dell'art. 25 c. 2 Cost.


## 1.3.4. Il principio di irretroattività e l'individuazione della disciplina più favorevole

Per stabilire quando ci si trovi di fronte ad una disposizione più favorevole occorre operare un raffronto tra la disciplina prevista dalla vecchia norma e quella introdotta dalla nuova. Tale raffronto va effettuato in concreto, cioè non paragonando le astratte previsioni delle due norme ma mettendo a confronto i rispettivi risultati dell'applicazione di ciascuna di esse alla situazione concreta, oggetto di giudizio (si pensi al caso in cui una legge elevi la pena ma introduca una circostanza attenuante speciale). Il giudice dovrà valutare comparativamente e complessivamente i risultati, illustrandoli (nel provvedimento) e applicando solo una delle due leggi (nel suo complesso).

## 1.3.5. Il principio di irretroattività e il tempo del commesso reato

La determinazione del *tempus commissi delicti* è fondamentale ai fini dell'individuazione della legge penale applicabile nel tempo. In assenza di espressa disposizione normativa, la DOTTRINA ha elaborato tre diversi orientamenti:

a) **teoria della condotta**: considera il reato commesso nel momento in cui si è realizzata l'azione o l'omissione;

b) **teoria dell'evento**: il reato è commesso allorché si verifica il risultato lesivo causalmente riconducibile alla condotta e necessario ai fini della configurazione dell'illecito;

c) **teoria mista**: il reato si considera indifferentemente commesso quando si verifichi l'evento o sia realizzata la condotta.

La GIURISPRUDENZA segue prevalentemente la teoria della condotta: il reato deve considerarsi commesso nel tempo in cui il soggetto ha realizzato la condotta vietata dalla norma e, in caso di successione di leggi, sarà applicabile quella che nel tempo medesimo era in vigore.

## 1.3.6. Il divieto di analogia

### Art. 14 disp. prel. – Applicazione delle leggi penali ed eccezionali

Le leggi penali e quelle che fanno eccezione a regole generali o ad altre leggi non si applicano oltre i casi e i tempi in esse considerati

L'analogia è il procedimento attraverso cui vengono risolti i casi non previsti espressamente dalla legge estendendo ad essi la disciplina dettata per i casi simili (*analogia legis*) o altrimenti desunta dai principi generali del diritto (*analogia iuris*).

La *ratio* sottesa al divieto di analogia in ambito penale è rappresentata proprio dall'esigenza di tassatività della fattispecie, dal momento che l'analogia è in contrasto con l'obbligo del giudice di punire solo i comportamenti tassativamente previsti dalla legge.

In DOTTRINA e in GIURISPRUDENZA si discute in ordine al carattere assoluto o relativo del divieto di analogia: ci si chiede se riguardi anche le norme poste a favore dell'imputato (analogia *in bonam partem*) ovvero se sia circoscritto alle sole norme sfavorevoli (analogia *in malam partem*).

Attualmente, l'orientamento maggioritario predilige una concezione relativa, per cui la *ratio* del divieto di applicazione analogica (come corollario del principio di legalità del reato e della pena di cui all'art. 25 c. 2 Cost.) risulta quella di assicurare la garanzia della libertà dell'individuo contro possibili arbitrarie limitazioni della libertà personale al di là delle ipotesi espressamente previste dal legislatore; pertanto il divieto non preclude l'applicazione analogica di norme penali che determinino un trattamento favorevole per il reo (cause di giustificazione, cause di non punibilità, esimenti, cause di estinzione del reato), ma solo di quelle incriminatrici, o che aggravano il trattamento sanzionatorio.

Pertanto, stabilito che le norme di favore sono escluse

dal divieto di cui all'art. 14 disp. prel., esse possono applicarsi anche in ipotesi da queste non espressamente previste (ma caratterizzate anzitutto da accentuata similitudine) qualora:

a) sussista identità di *ratio*;
b) la lacuna non sia intenzionale (poiché il legislatore potrebbe infatti aver consapevolmente limitato la disciplina ad un numero chiuso di casi);
c) non si tratti di una norma eccezionale (stante il divieto di applicazione analogica delle norme che fanno eccezione a regole generali).

Relativamente alle **scriminanti**, l'analogia è comunque possibile solo relativamente a quelle cause di giustificazione che non escludono in maniera strutturale la possibilità di un'eventuale estensione analogica in quanto, previste dalla legge nella loro massima portata logica (ad es. l'esercizio del diritto) o comunque formulate in modo da precludere la riconduzione ad esse di altre ipotesi extralegali (ad es. il consenso dell'avente diritto).

### 1.3.7. L'interpretazione delle leggi penali

**Art. 12 disp. prel. – Interpretazione della legge**
Nell'applicare la legge non si può ad essa attribuire altro senso che quello fatto palese dal significato proprio delle parole secondo la connessione di esse, e dalla intenzione del legislatore. Se una controversia non può essere decisa con una precisa disposizione, si ha riguardo alle disposizioni che regolano casi simili o materie analoghe; se il caso rimane ancora dubbio, si decide secondo i principi generali dell'ordinamento giuridico dello Stato.

La locuzione 'interpretazione della legge' individua il complesso delle operazioni intellettuali finalizzate all'individuazione del significato delle norme da applicare e, di conseguenza, il risultato conseguito (cioè la scelta compiuta dall'interprete).

In base alla fonte soggettiva dalla quale promana, l'interpretazione così individuata viene tradizionalmente distinta in:

a) **autentica**: è quella fornita dallo stesso organo che ha prodotto la norma da interpretare (<u>ad es.</u> una legge interpretativa di altra legge, emanata a seguito di contrasti interpretativi);

b) **ufficiale**: è l'attività interpretativa svolta dai pubblici funzionari nell'ambito di competenze istituzionali (<u>ad es.</u> circolari ministeriali);

c) **giudiziale** (o **giurisprudenziale**): è quella effettuata dai giudici attraverso i provvedimenti adottati;

d) **dottrinale**: è quella realizzata dagli studiosi di diritto.

In quanto norma generale, l'art. 12 disp. prel. vale anche per il diritto penale. Due i criteri indicati:

a) il **significato proprio** delle locuzioni legislative;

b) l'**intenzione** del legislatore.

Tuttavia si tratta di criteri indicati senza ordine gerarchico, lasciando la scelta alla discrezionalità dell'interprete nel caso di contrasti. Sono stati dunque elaborati ulteriori canoni interpretativi:

a) **criterio semantico**: tende ad individuare il senso della norma facendo leva sul significato lessicale dei termini utilizzati;

b) **criterio storico**: mira a ricostruire la volontà espressa dal legislatore al momento dell'emanazione delle norme;

c) **criterio logico-sistematico**: la sua specificità consiste nel cogliere le connessioni concettuali esistenti tra la norma da applicare e le restanti norme (non del solo sistema penale);

d) **criterio teleologico**: in base a tale criterio l'interprete deve sforzarsi di attualizzare il senso della norma in base al più congruo scopo di tutela che ad essa può essere assegnato nel momento in cui si procede ad interpretarla (con particolare considerazione del bene o interesse protetto).

L'esigenza che appare comunque tuttora inderogabile in ambito penalistico, e cioè il vincolo del giudice alla legge, impone di contenere il più possibile qualunque interpretazione 'creativa' delle norme incriminatrici.

## 1.4. Il principio di territorialità

### Art. 4 – Cittadino italiano. Territorio dello Stato
[1] Agli effetti della legge penale, sono considerati cittadini italiani i cittadini delle colonie, i sudditi coloniali, gli appartenenti per origine o per elezione ai luoghi soggetti alla sovranità dello Stato e gli apolidi residenti nel territorio dello Stato.
[2] Agli effetti della legge penale, è territorio dello Stato il territorio della Repubblica, quello delle colonie e ogni altro luogo soggetto alla sovranità dello Stato. Le navi e gli aeromobili italiani sono considerati come territorio dello Stato, ovunque si trovino, salvo che siano soggetti, secondo il diritto internazionale, a una legge territoriale straniera.

### Art. 6 – Reati commessi nel territorio dello Stato
[1] Chiunque commette un reato nel territorio dello Stato è punito secondo la legge italiana.
[2] Il reato si considera commesso nel territorio dello Stato, quando l'azione o l'omissione, che lo costituisce, è ivi avvenuta in tutto o in parte, ovvero si è ivi verificato l'evento che è la conseguenza dell'azione od omissione.

Il principio di territorialità è espresso dall'art. 6, in base al quale è punito secondo la legge italiana chiunque commette un reato nel territorio dello Stato; concetto, quest'ultimo, utilizzato dall'art. 4. Va tuttavia precisato che il territorio dello Stato è composto:

a) dalla **superficie terrestre** compresa nei suoi confini politico-geografici;
b) dal **sottosuolo** (fino alle profondità raggiungibili);
c) dal **mare costiero** (entro 12 miglia marine, cioè 22,224 km);
d) dallo **spazio aereo** (entro l'atmosfera terrestre);
e) dalle **navi** e dagli **aeromobili** (salvo che siano soggetti, secondo il diritto internazionale, ad una legge territoriale straniera).

Quanto al ***locus commissi delicti***, il reato si considera commesso nel territorio italiano quando l'azione od omissione che lo costituisce è avvenuta lì in tutto o in parte, ovvero lì si è verificato l'evento che la conseguenza dell'azione o dell'omissione (c.d. **principio della ubiquità**, *ex* art. 6 c. 2).

## 1.4.1. I reati commessi all'estero

Relativamente ai reati commessi all'estero occorre distinguere diverse ipotesi. La prima riguarda i reati (comuni), commessi indifferentemente da un cittadino italiano o da uno straniero, elencati dall'art. 7:

**Art. 7 – Reati commessi all'estero**
È punito secondo la legge italiana il cittadino o lo straniero che commette in territorio estero taluno dei seguenti reati:
1) delitti contro la personalità dello Stato italiano;
2) delitti di contraffazione del sigillo dello Stato e di uso di tale sigillo contraffatto;
3) delitti di falsità in monete aventi corso legale

nel territorio dello Stato, o in valori di bollo o in carte di pubblico credito italiano;

4) delitti commessi da pubblici ufficiali a servizio dello Stato, abusando dei poteri o violando i doveri inerenti alle loro funzioni;

5) ogni altro reato per il quale speciali disposizioni di legge o convenzioni internazionali stabiliscono l'applicabilità della legge penale italiana.

Tali reati vengono incondizionatamente puniti secondo la legge italiana. Altro caso è invece quello disciplinato dall'art. 9:

**Art. 9 – Delitto comune del cittadino all'estero**
[1] Il cittadino, che, fuori dei casi indicati nei due articoli precedenti, commette in territorio estero un delitto per il quale la legge italiana stabilisce la pena di morte o l'ergastolo, o la reclusione non inferiore nel minimo a tre anni, è punito secondo la legge medesima, sempre che si trovi nel territorio dello Stato.
[2] Se si tratta di delitto per il quale è stabilita una pena restrittiva della libertà personale di minore durata, il colpevole è punito a richiesta del ministro della giustizia ovvero a istanza, o a querela della persona offesa.
[3] Nei casi preveduti dalle disposizioni precedenti, qualora si tratti di delitto commesso a danno delle Comunità europee, di uno Stato estero o di uno straniero, il colpevole è punito a richiesta del ministro della giustizia, sempre che l'estradizione di lui non sia stata conceduta, ovvero non sia stata accettata dal Governo dello Stato in cui egli ha commesso il delitto.
[4] Nei casi preveduti dalle disposizioni precedenti, la richiesta del Ministro della giustizia o l'istanza o la querela della persona offesa non sono necessarie per i delitti previsti dagli articoli 320, 321 e 346-bis.

I casi previsti disciplinano la punibilità del cittadino italiano per **delitti comuni commessi all'estero** (diversi da quelli di cui all'art. 7) rispetto ai quali la punibilità risulta però subordinata alla presenza di alcune condizioni:

a) che si tratti di delitto per il quale la legge italiana stabilisce l'ergastolo o la reclusione non inferiore nel minimo a tre anni, o che risultino comunque i requisiti di cui ai commi 2 e 3;

b) che il cittadino si trovi nel territorio dello Stato.

All'art. 10 sono invece delineati i casi relativi al **delitto comune dello straniero all'estero**, diversi da quelli indicati dall'art. 7, a danno dello Stato o di un cittadino italiano (c. 1) ovvero a danno di uno Stato estero o di uno straniero (c. 2):

**Art. 10 – Delitto comune dello straniero all'estero**

[1] Lo straniero, che, fuori dei casi indicati negli articoli 7 e 8, commette in territorio estero, a danno dello Stato o di un cittadino, un delitto per il quale la legge italiana stabilisce la pena di morte o l'ergastolo, o la reclusione non inferiore nel minimo a un anno, è punito secondo la legge medesima, sempre che si trovi nel territorio dello Stato, e vi sia richiesta del ministro della giustizia, ovvero istanza o querela della persona offesa.

[2] Se il delitto è commesso a danno delle Comunità europee, di uno Stato estero o di uno straniero, il colpevole è punito secondo la legge italiana, a richiesta del ministro della giustizia, sempre che:

1. si trovi nel territorio dello Stato;

2. si tratti di delitto per il quale è stabilita la pena di morte o dell'ergastolo, ovvero della reclusione non inferiore nel minimo a tre anni;

3. l'estradizione di lui non sia stata conceduta, ovvero non sia stata accettata dal Governo dello Stato in cui egli ha commesso il delitto, o da quello dello Stato a cui egli appartiene.

[3] La richiesta del Ministro della giustizia o l'istanza o la querela della persona offesa non sono necessarie per i delitti previsti dagli articoli 317, 318, 319, 319-bis, 319-ter, 319-quater, 320, 321, 322 e 322-bis.

Vi è, infine, la fattispecie del **delitto politico commesso all'estero,** disciplinato dall'art. 8:

> **Art. 8 – Delitto politico commesso all'estero**
> [1] Il cittadino o lo straniero, che commette in territorio estero un delitto politico non compreso tra quelli indicati nel n. 1 dell'articolo precedente, è punito secondo la legge italiana, a richiesta del ministro della giustizia.
> [2] Se si tratta di delitto punibile a querela della persona offesa, occorre, oltre tale richiesta, anche la querela.
> [3] Agli effetti della legge penale, è delitto politico ogni delitto, che offende un interesse politico dello Stato, ovvero un diritto politico del cittadino. È altresì considerato delitto politico il delitto comune determinato, in tutto o in parte, da motivi politici.

## 1.4.2. L'estradizione

L'estradizione è un istituto che, come sancito dall'art. 697 c.p.p c. 1, prevede la consegna di un soggetto da parte dello Stato in cui si trova, a quello che ne fa richiesta, per procedere penalmente nei suoi confronti (estradizione processuale) o per dare esecuzione a una sentenza definitiva di condanna (estradizione esecutiva).

L'estradizione può essere di due tipi:

a) **attiva:** quando è lo Stato italiano a chiedere a un altro Stato la consegna di una persona;

b) **passiva:** quando è uno Stato straniero a chiedere allo Stato italiano di consegnargli un soggetto per procedere penalmente nei suoi confronti.

L'estradizione è contemplata a livello costituzionale dall'art. 10 c. 4 Cost., che non la ammette per motivi politici e dall'art. 26 Cost. che, oltre a ribadirne l'inammissibilità per reati politici, la consente per il cittadino solo se espressamente prevista dalle convenzioni internazionali.

All'estradizione il codice penale invece dedica il solo art. 13:

### Art. 13 – Estradizione

[1] L'estradizione è regolata dalla legge penale italiana, dalle convenzioni e dagli usi internazionali.

[2] L'estradizione non è ammessa, se il fatto che forma oggetto della domanda di estradizione non è preveduto come reato dalla legge italiana e dalla legge straniera.

[3] L'estradizione può essere conceduta od offerta, anche per reati non preveduti nelle convenzioni internazionali, purché queste non ne facciano espresso divieto.

[4] Non è ammessa l'estradizione del cittadino, salvo che sia espressamente consentita nelle convenzioni internazionali.

## 1.5. Il principio di obbligatorietà della legge penale. Le immunità

La legge penale italiana obbliga tutti coloro che, cittadini italiani o stranieri, si trovano sul territorio dello Stato italiano o che si trovano all'estero nei casi stabiliti dalla legge italiana o dal diritto internazionale:

### Art. 3 – Obbligatorietà della legge penale

[1] La legge penale italiana obbliga tutti coloro che, cittadini o stranieri, si trovano nel territorio dello Stato, salve le eccezioni stabilite dal diritto pubblico interno o dal diritto internazionale.

[2] La legge penale italiana obbliga altresì tutti coloro che, cittadini o stranieri, si trovano all'estero, ma limitatamente ai casi stabiliti dalla legge medesima o dal diritto internazionale.

Le eccezioni di cui al c. 1 non costituiscono formalmente delle deroghe al principio, ma si risolvono nella sottrazione di un soggetto all'applicabilità della sanzione. Si tratta delle **immunità penali**, che si differenziano in:

a) **assolute e relative**, a seconda che ricomprendano tutti o solo alcuni reati;
b) **funzionali ed extrafunzionali**, in relazione al tipo di connessione tra il reato e la funzione svolta ai fini dell'inapplicabilità della sanzione penale;
c) **sostanziali e processuali**, a seconda che l'effetto sia l'esenzione da pena o solo dalla giurisdizione;
d) **di diritto pubblico interno e di diritto internazionale**, con riferimento alla fonte normativa di provenienza.

Le immunità derivanti dal **diritto pubblico interno** mirano a garantire e proteggere l'espletamento di determinate funzioni o uffici di particolare importanza per il corretto funzionamento del nostro sistema politico:

a) **Presidente della Repubblica**: non è responsabile *ex* art. 90 Cost. degli atti compiuti nell'esercizio delle sue funzioni, tranne che per alto tradimento o per attentato alla Costituzione;
b) **Presidente del Senato**: gode delle stesse immunità del Presidente della Repubblica nell'eventuale periodo di supplenza di quest'ultimo;
c) **membri del Parlamento**: *ex* art. 68 Cost. non possono essere chiamati a rispondere delle opinioni espresse e dei voti dati nell'esercizio delle loro funzioni. Questa è un'immunità c.d. assoluta, in quanto esclude ogni forma di responsabilità, sia civile che penale, e si discute dell'ampiezza della tutela costituzionale. Inoltre, abolito l'istituto dell'autorizzazione a procedere, i parlamentari non possono, senza autorizzazione della Camera di appartenenza, essere sottoposti a perquisizione personale o domiciliare, né possono essere arrestati o altrimenti privati della libertà personale, o mantenuti in detenzione, salvo che siano colti nell'atto di commettere un delitto per il quale è previsto

l'arresto obbligatorio in flagranza. Analoga autorizzazione è richiesta per sottoporre i membri del Parlamento ad intercettazioni, in qualsiasi forma, di conversazioni o comunicazioni e a sequestro di corrispondenza;

d) **giudici della Corte costituzionale**: *ex* art. 3 L.C. 1/1948 godono di immunità analoga a quella dei parlamentari (l'autorizzazione a procedere è però data dalla stessa Corte);

e) **membri dei consigli regionali**: *ex* art. 122 c. 4 Cost. godono soltanto della garanzia dell'irresponsabilità per le opinioni espresse e i voti dati nell'esercizio delle loro funzioni;

f) **membri del Consiglio Superiore della Magistratura** (CSM): *ex* art. 5 L. 1/1981 godono di una irresponsabilità per le opinioni espresse e i voti dati nell'esercizio delle loro funzioni. Le immunità derivanti dal diritto internazionale sono riconosciute nell'ordinamento giuridico italiano in forza di trattati, convenzioni o accordi internazionali ratificati e resi esecutivi con un atto normativo interno;

g) **Sommo Pontefice**: la sua persona è considerata sacra ed inviolabile *ex* art. 8 Trattato del Laterano. Si tratta di immunità assoluta;

h) **capi di Stato esteri e Reggenti**: quando si trovano in tempo di pace nel territorio dello Stato italiano beneficiano di un'immunità assoluta che si estende anche al seguito e ai familiari che li accompagnano;

i) **Presidente del Consiglio** e **Ministri per gli affari esteri**: godono di un'immunità per tutti i fatti commessi nell'esercizio delle loro funzioni;

j) **agenti diplomatici**: godono dell'immunità penale assoluta dello Stato accreditato e dell'esenzione da qualsiasi misura esecutiva (*ex* art. 31 Convenzione di Vienna 1961). Sono dichiarati inviolabili, e con essi i membri conviventi delle loro famiglie;

k) **ulteriori forme di immunità** sono poi riconosciute ai funzionari internazionali, ai parlamentari europei, ai consoli e agli agenti diplomatici, ai giudici della Corte dell'Aja.

Secondo l'orientamento prevalente, tutte le forme di immunità sono riconducibili alla categoria delle cause di esclusione della pena. Va tuttavia segnalato che talune forme di immunità possono più correttamente essere inquadrate in relazione all'effetto tipico (e, dunque, come causa di giustificazione – esercizio di un diritto, adempimento di un dovere) o al contesto (ben potendosi parlare in altri casi di immunità come mero limite all'esercizio del potere giurisdizionale – ad es. nel caso di immunità funzionali di diritto interno o internazionale).

# PARTE SECONDA
# IL REATO

# CAPITOLO 2
# IL REATO: LA STRUTTURA

## 2.1. Il reato: definizioni e struttura

Secondo una definizione formale, il reato è ogni fatto umano cui la legge ricollega una sanzione penale.

La concezione analitica del reato ha dato luogo, fondamentalmente, a due teorie:

a) la **teoria bipartita**, per la quale il reato è un fatto umano commesso con volontà colpevole. Il reato risulta dunque composto da due elementi:
   1. l'**elemento oggettivo**, cioè il fatto materiale in tutti i suoi elementi costitutivi (condotta, evento, nesso causale);
   2. l'**elemento soggettivo**, cioè il diverso atteggiarsi della volontà nelle forme del dolo, della colpa e della preterintenzione;

b) la **teoria tripartita**, per la quale il reato è un fatto umano tipico, antigiuridico e colpevole. Questo orientamento (sorto in Germania e largamente seguito anche in Italia) suole suddividere la struttura del reato in tre elementi:
   1. il **fatto tipico**, inteso come fatto materiale, comprensivo dei soli requisiti oggettivi (condotta, evento, nesso causale) corrispondente ad una delle fattispecie criminose previste dall'ordinamento;
   2. l'**antigiuridicità** obiettiva, con la quale si intende designare non l'antigiuridicità penale globale (che investe l'intero fatto in tutti i suoi

elementi oggettivi e soggettivi, e quindi non può essere elemento del reato) ma soltanto la concreta contrarietà del fatto materiale all'ordinamento giuridico (di fatto, in assenza di scriminanti);

3. la **colpevolezza**, nelle sue due forme del dolo e della colpa (nonché di quella intermedia della preterintenzione per coloro i quali la intendono come un misto di dolo e colpa).

La differenza concreta tra tripartitismo e bipartitismo sta dunque nel modo di considerare l'antigiuridicità e di collocare le scriminanti come elementi negativi del fatto tipico (concezione bipartita) o della antigiuridicità (concezione tripartita).

Accanto alla teoria tripartita si è poi affiancata anche una **teoria finalistica**, che prevede che gli elementi soggettivi (dolo e colpa), rientranti in quella che è la "colpevolezza psicologica" della teoria tripartita, vengano trasfusi nel fatto tipico del reato (quindi nel fatto tipico rientrano sia elementi oggettivi come il nesso di causalità, luogo, tempo ecc. sia elementi soggettivi come la colpa e il dolo); mentre per colpevolezza, divenuta 'normativa' per i finalisti, s'intende la volontà ribelle di un soggetto a cui l'ordinamento può avanzare un giudizio di riprovevolezza; volontà ribelle che presuppone l'imputabilità ed è eliminata o attenuata dalle situazioni scusanti.

Infine, si riscontra l'emersione di una **teoria quadripartita**. I suoi sostenitori aggiungono agli elementi della teoria tripartita anche l'elemento della punibilità.

## 2.2. Delitti e contravvenzioni

### Art. 39 – Reato: distinzione fra delitti e contravvenzioni

I reati si distinguono in delitti e contravvenzioni, secondo la diversa specie delle pene per essi rispettivamente stabilite da questo codice.

La divisione principale all'interno della categoria del reato è quella che distingue i delitti dalle contravvenzioni. Tale divisione risale al codice toscano del 1856, passando per il Codice Zanardelli del 1889 e arrivando così al Codice Rocco del 1930.

Il criterio distintivo delle due categorie accolto dal codice penale attualmente vigente è di natura formale e lo si rinviene nell'art. 17:

### Art. 17 – Pene principali: specie

Le pene principali stabilite per i delitti sono:
1) la morte;
2) l'ergastolo;
3) la reclusione;
4) la multa.
Le pene principali stabilite per le contravvenzioni sono:
1) l'arresto;
2) l'ammenda.

Sono **delitti** i reati al cui verificarsi l'ordinamento penale ricollega come pene l'ergastolo, la reclusione e la multa. Fino al 1994 era prevista la pena di morte per taluni gravissimi delitti, poi sostituita con l'ergastolo e definitivamente esclusa anche in caso di legge penale di guerra con la modificazione del c. 4 art. 27 Cost. *ex* L.C. 1/2007.

Sono invece **contravvenzioni** i reati al cui verificarsi l'ordinamento penale ricollega come pene l'arresto e l'ammenda.

La distinzione ha notevole rilievo pratico sotto diversi aspetti:

a) per i delitti si risponde a titolo di **dolo** (e solo se espressamente previsto dalla legge penale a titolo di colpa), mentre per le contravvenzioni si risponde indifferentemente per dolo o per colpa a meno che non si versi in casi eccezionali in cui è la struttura del fatto contravvenzionale a richiedere o uno o l'altro;

b) il **tentativo** è configurabile esclusivamente per i delitti;

c) per i delitti la **reclusione** può estendersi da quindici giorni a 24 anni, mentre per le contravvenzioni l'**arresto** da cinque giorni a tre anni;

d) solo le contravvenzioni possono estinguersi per **oblazione**;

e) ulteriori differenziazioni si rinvengono relativamente alle **misure di sicurezza**.

## 2.3. Classificazione dei tipi di reato

In base alla rispettiva struttura, le tipologie delittuose possono suddividersi in diverse categorie:

a) reati **comuni** e **propri**: il reato comune può essere commesso da chiunque (ad es. omicidio, furto, danneggiamento ecc.), mentre il reato proprio può essere commesso soltanto da colui che rivesta una determinata qualifica o abbia uno *status* precisato dalla norma, o possieda un requisito necessario per la commissione dell'illecito (ad es. il peculato e la concussione possono essere commessi solo da un pubblico ufficiale o da un incaricato di pubblico servizio);

b) reati **di azione** (o di mera condotta) e **di evento**: i primi (di azione) consistono nel semplice compimento dell'azione vietata, senza che sia necessario attendere il verificarsi di un evento causalmente connesso alla condotta medesima (ad es. l'evasione dal carcere *ex* art. 385). Nei reati di evento, invece, la fattispecie tipicizza un evento come risultato separabile dall'azione e a questo comunque legato da un nesso di causalità (ad es. la morte di un uomo nel delitto di omicidio *ex* art. 575);

c) reati **a forma vincolata** e **a forma libera**: è un'ulteriore distinzione dei reati di evento, in base alla quale quelli a forma vincolata sono quelli che circoscrivono, diversamente dagli altri, le modalità di aggressione ad un bene (ad es. l'art. 438 incrimina "chiunque cagiona un'epidemia mediante la diffusione di germi patogeni", diversamente dall'art. 575 che punisce "chiunque cagiona la morte di un uomo" indipendentemente dalla modalità di aggressione);

d) reati **commissivi** ed **omissivi**: a seconda che la condotta tipica sia rappresentata da un agire positivo o da un'omissione;

e) reati **istantanei**, **permanenti** e **abituali**: nei reati istantanei la realizzazione del fatto tipico integra ed esaurisce l'offesa (ad es. l'omicidio); nei reati permanenti, invece, il protrarsi dell'offesa dipende dalla volontà dell'autore (ad es. il sequestro di persona). Infine, i reati abituali sono reati per la cui realizzazione è necessaria la reiterazione nel tempo di più condotte della stessa specie (ad es. il reato di maltrattamenti in famiglia, art. 572);

f) reati **di danno** e **di pericolo**: si distinguono a seconda che la condotta criminosa comporti la lesione effettiva (di danno – ad es. l'omicidio) o potenziale (di pericolo – ad es. l'incendio) del bene giuridico oggetto di tutela penale. All'interno di questa seconda categoria si distingue poi tra:

1. reati **di pericolo concreto**: sono quelli nei quali il giudice valuta in base a un giudizio *ex ante* la concreta pericolosità della condotta incriminata verso il bene giuridico tutelato. Il pericolo è dunque per questi reati un elemento costitutivo della fattispecie, deve effettivamente esistere e di volta in volta essere accertato dal giudice (ad es. il delitto di strage *ex* art. 422);

2. reati **di pericolo presunto**: sono quelli in cui il pericolo è implicito nella stessa condotta e non fa parte della struttura della fattispecie di reato (che si limita a tipizzare una condotta, al cui compimento tipicamente o generalmente si accompagna la messa in pericolo di un determinato bene; accertata la condotta, il giudice è dispensato dallo svolgere ulteriori indagini circa la verificazione del secondo – ad es. il delitto di incendio di cui all'art. 423 c. 1).

## 2.4. Il soggetto attivo del reato. La responsabilità penale delle persone giuridiche

**Art. 27 Cost.**
La responsabilità penale è personale.

Il soggetto attivo del reato (o anche autore o agente) è colui il quale realizza un fatto conforme ad una fattispecie astratta di reato.

L'art. 27 della Costituzione implica che nessuno, se non l'autore del reato, può essere chiamato a risponderne, a differenza di quanto accade per l'illecito civile. Il principio classico *societas delinquere non potest* ha sempre rappresentato il punto di riferimento per sancire l'incompatibilità della responsabilità degli enti con il principio di personalità della responsabilità penale.

Il D.lgs n. 231/2001 ha tuttavia esteso, a tutti gli effetti, l'applicabilità di alcuni principi penalistici anche alle persone giuridiche: il principio di legalità, di tassatività e di irretroattività, nonché il principio della successione di leggi nel tempo.

Circa la **natura della responsabilità degli enti**, la tesi oggi prevalente in DOTTRINA e GIURISPRUDENZA è quella che individua una forma di responsabilità mista, con sigillo delle Sezioni Unite della Corte di Cassazione per le quali si tratta di "un sistema che coniuga i tratti dell'ordinamento penale e di quello amministrativo nel tentativo di contemperare le ragioni della efficienza preventiva con quelle, ancora più ineludibili, della massima garanzia".

**I soggetti ricompresi** nella disciplina dettata dal decreto n. 231/2001 sono i seguenti:

a) gli enti forniti di personalità giuridica;
b) società e associazioni anche prive di personalità giuridica.

Sono esclusi:

a) lo Stato;
b) gli enti pubblici territoriali, gli enti pubblici non economici e gli enti di rilievo costituzionale.

Quanto alle società capogruppo (ossia società o enti che esercitano attività di direzione e coordinamento di altre società o enti – c.d. *holding*): sono responsabili a livello penalistico qualora il reato sia stato commesso da un soggetto che rivesta una posizione qualificata al suo interno.

Infine, relativamente alle società a partecipazione mista pubblica-privata, occorre che l'ente:

a) abbia natura pubblicistica;
b) non svolga attività economica.

Gli articoli 24 e seguenti del decreto considerano quale presupposto della responsabilità da reato degli enti alcune fattispecie di reato consumate, specificamente richiamate. Il novero di tali reati è stato via via ampliato, fino a ricomprendervi reati colposi (nello specifico l'omicidio colposo e le lesioni colpose gravi o gravissime causati da violazione di norme sulla sicurezza sul lavoro – art. 25-septies).

L'art. 5 D.Lgs. 231/01 prevede i **criteri di imputazione** del reato all'ente, i quali consentono di attribuire la responsabilità in capo alla persona giuridica. Occorre che:

a) il reato sia riconducibile ad un soggetto apicale o subordinato dell'ente (**criterio soggettivo**); e che

b) sia stato commesso nell'interesse o a vantaggio dell'ente stesso (**criterio oggettivo**).

Un problema particolare è rappresentato proprio dall'interpretazione dei concetti di interesse e vantaggio con riferimento ai reati colposi. La tesi maggiormente accreditata ha riconosciuto che il vantaggio e l'interesse dell'ente sono, di fatto, esclusivamente di tipo oggettivo: vanno necessariamente riferiti alla condotta e non all'esito, all'evento. Si deve dunque accertare che la condotta colposa sia stata determinata da scelte che rispondono all'interesse o comunque ad un vantaggio dell'ente (un esempio può essere la volontà di risparmiare sulle spese, che non è volontà diretta all'evento morte o lesioni del lavoratore, ma consiste nella consapevole violazione di norme di sicurezza e realizzazione di una politica d'impresa che disattende alle norme sulla sicurezza al fine di conseguire un risparmio). L'evento non può mai essere voluto (altrimenti si ricadrebbe nel novero dei reati dolosi), ma è dolosa (ossia volontaria) l'inosservanza delle norme di sicurezza.

È comunque necessario che le fattispecie di reato siano realizzate da:

a) **soggetti in posizione apicale**: con poteri di rappresentanza, amministrazione, direzione anche di fatto, gestione e/o controllo dell'ente;
b) **sottoposti**: scatta la responsabilità solo se la commissione del reato deriva dall'inosservanza degli obblighi dei soggetti con poteri di gestione.

L'ente ha comunque la possibilità di provare, con effetti liberatori, di avere adottato tutte le precauzioni necessarie e idonee ad evitare l'evento dannoso, circoscrivendo in tal modo la responsabilità in capo alla persona fisica che ha agito. La prova da fornire è, tuttavia, differente a seconda che si tratti di

a) **soggetti in posizione apicale**: l'ente non risponde se dimostra:
   1. di avere adottato, prima della commissione dell'illecito, l'attuazione e l'adozione efficace di modelli organizzativi e di gestione idonei a prevenire reati come quelli verificatesi;
   2. il conferimento ad un organismo interno di compiti di vigilanza dei suddetti modelli, con poteri di iniziativa e controllo;
   3. che il fatto è stato commesso da soggetti che fraudolentemente hanno eluso tali modelli;
   4. che l'organismo interno non ha correttamente vigilato;
b) **sottoposti**: la responsabilità dell'ente si fonda interamente sull'inosservanza degli obblighi di direzione o vigilanza, in relazione all'efficace attuazione di un modello di organizzazione idoneo come sopra indicato.

Occorre, tuttavia, rilevare che spesso i soggetti in posizione apicale si avvalgono della c.d. **delega di funzioni**, che estende o trasla la responsabilità al soggetto delegato. La condotta del soggetto originario assume, però, rilievo ai sensi dell'art. 40 (in base al quale non impedire l'evento equivale a cagionarlo). Il delegante si libera così da poteri e responsabilità, residuando l'obbligo di vigilanza sull'operato del soggetto delegato e, nel caso della commissione di un reato, risponderà insieme a quest'ultimo per inosservanza degli obblighi di vigilanza. La delega deve essere conferita per iscritto, e il soggetto delegato deve godere di piena autonomia di poteri e finanziaria ed essere idoneo a svolgere quelle determinate funzioni.


## 2.5. Il soggetto passivo del reato e danneggiato dal reato

Il **soggetto passivo del reato** è il titolare del bene protetto dalla singola fattispecie incriminatrice. In questa ipotesi basilare il soggetto passivo coincide con quello che il codice denomina **persona offesa dal reato** (*ex* art. 120): ad es. nel reato di diffamazione il soggetto passivo (coincidente con la persona offesa) è appunto la persona contro la quale vengono indirizzate le espressioni lesive dell'onore.

Non vi è poi sempre coincidenza anche tra persona offesa dal reato e **danneggiato dal reato**: quest'ultimo è il soggetto che subisce un danno patrimoniale o non patrimoniale, ed è anch'esso legittimato a costituirsi parte civile nel processo penale (ad es. mentre nel delitto di lesioni soggetto passivo - e dunque persona offesa - e danneggiato coincidono, ciò non accade nel caso dell'omicidio, dove il soggetto passivo è deceduto e danneggiati dal reato risultano essere i suoi familiari, ove ve ne siano).

La qualità di soggetto passivo può comunque spettare, oltre che alle persone fisiche, anche allo Stato e alle persone giuridiche, nonché alle collettività non personificate.

# CAPITOLO 3
# IL FATTO TIPICO

## 3.1. Fattispecie e fatto tipico

Per **fattispecie** si intende il complesso degli elementi che contraddistinguono ogni singolo illecito penale: dunque non solo gli elementi oggettivi o materiali del fatto criminoso ma anche il criterio di imputazione soggettiva (dolo o colpa) e ogni altro requisito.

Il **fatto tipico**, inteso come fatto materiale, è comprensivo dei soli requisiti oggettivi (condotta, oggetto materiale dell'azione, evento e rapporto di causalità) corrispondente ad una delle fattispecie criminose previste dall'ordinamento.

## 3.2. La condotta

La condotta o azione rappresenta la base su cui poggia l'intera costruzione dogmatica del reato (e in particolare di quello commissivo doloso).

Per rilevare penalmente, l'azione deve consistere in un movimento corporeo cosciente e volontario, finendo così col coincidere col concetto di azione dolosa.

È in realtà impossibile costruire un concetto unitario di azione che comprenda tutti i fatti di reato. Del resto lo stesso legislatore implicitamente mostra di non ritenere tale costruzione un risultato necessariamente da raggiungere, nel momento in cui aggiunge sempre accanto al termine 'azione' quello di 'omissione'.

Numerosi autori accolgono una concezione

onnicomprensiva, secondo la quale la condotta è il comportamento umano che costituisce reato. In pratica l'azione rilevante per il diritto penale è quel comportamento che abbia un contenuto oggettivo e soggettivo corrispondente alla descrizione operata dalla fattispecie penale, o meglio, quella condotta compresa nel fatto di reato che il legislatore vuole impedire e/o sanzionare.

Tale comportamento può consistere in un'azione o in un'omissione. Può cioè essere attivo (commissivo), oppure omissivo (cioè consistere in un 'non fare' qualcosa). Per sapere se la condotta è commissiva od omissiva non bisogna avere riguardo all'azione dal punto di vista naturalistico ma alla descrizione normativa della condotta.

### 3.2.1. Forza maggiore, caso fortuito e costringimento fisico

**Art. 45 – Caso fortuito o forza maggiore**
Non è punibile chi ha commesso il fatto per caso fortuito o per forza maggiore.

La **forza maggiore** viene tradizionalmente definita come qualsiasi energia esterna contro la quale il soggetto non è in grado di resistere (*vis maior cui resisti non potest*) e che perciò lo costringe necessariamente ad agire (ad es. l'operaio che, colpito su un'impalcatura da una tromba d'aria, cade uccidendo un passante).

Non si può però parlare di forza maggiore se l'agente dispone di un sufficiente margine di scelta (in questo caso, al più, si potrà guardare alle norme in tema di stato di necessità o di coazione morale *ex* art. 54).

Mentre la forza maggiore impedisce di configurare un'azione penalmente rilevante, il **caso fortuito** non sempre esclude l'esistenza dell'azione: esso infatti deriva dall'incrocio tra un accadimento naturale e una condotta umana, incrocio da cui deriva l'imprevedibile verificarsi di un evento lesivo (ad es. Tizio, ferito in un incidente stradale, muore a seguito di un incendio verificatosi a bordo del veicolo di soccorso). L'agente non potrà essere comunque chiamato a rispondere di un evento cagionato col concorso di fattori diversi.

La GIURISPRUDENZA ha descritto il caso fortuito come quell'avvenimento imprevisto e imprevedibile che si inserisce d'improvviso nell'azione del soggetto e non può in alcun modo, nemmeno a titolo di colpa, farsi risalire all'attività psichica dell'agente (ad es. l'incidente causato da un colpo di sonno imprevedibile è ben diverso dall'incidente causato da un colpo di sonno di un guidatore che sa di soffrire di patologie o di assumere farmaci che incidono sulla soglia di attenzione).

Vi è, poi, il caso in cui l'agente sia stato fisicamente costretto (senza alternative) a commettere il fatto:

### Art. 46 – Costringimento fisico
[1] Non è punibile chi ha commesso il fatto per esserci stato da altri costretto, mediante violenza fisica alla quale non poteva resistere o comunque sottrarsi.
[2] In tal caso, del fatto commesso dalla persona costretta risponde l'autore della violenza.

La fattispecie del **costringimento fisico** è evidentemente una specificazione della forza maggiore, dove alla forza della natura si sostituisce quella dell'uomo (ad es. Tizio costringe Caio a falsificare un documento). La coartazione deve ovviamente essere assoluta; se, viceversa, sussistono margini di scelta si ricade eventualmente nell'ipotesi della coazione morale *ex* art. 54 c. 3:

### Art. 54 – Stato di necessità
[1] Non è punibile chi ha commesso il fatto per esserci stato costretto dalla necessità di salvare sé od altri dal pericolo attuale di un danno grave alla persona, pericolo da lui non volontariamente causato, né altrimenti evitabile, sempre che il fatto sia proporzionato al pericolo.

> [2] Questa disposizione non si applica a chi ha un particolare dovere giuridico di esporsi al pericolo. [3] La disposizione della prima parte di questo articolo si applica anche se lo stato di necessità è determinato dall'altrui minaccia; ma, in tal caso, del fatto commesso dalla persona minacciata risponde chi l'ha costretta a commetterlo.

## 3.3. L'evento

Secondo l'orientamento prevalente (**concezione naturalistica**) l'evento va inteso, in senso naturalistico, come modificazione della realtà esterna, suscettibile di percezione sensoriale e materialmente causata da una condotta umana. Così inteso, l'evento va dunque tenuto distinto dall'offesa all'interesse protetto dalla norma incriminatrice: ad es., nell'omicidio (art. 575), l'evento naturalistico è la morte (intesa come cessazione delle funzioni biologiche dell'individuo), mentre l'interesse tutelato dalla norma è la vita. Dai reati di evento (come appunto l'omicidio) occorre così distinguere i reati di pura condotta, nei quali nessun evento naturalistico deve sopravvenire per la consumazione del reato (ad es. l'omissione di referto di cui all'art. 365).

Altra parte della DOTTRINA, invece, muovendo dal rilievo che la concezione naturalistica dell'evento sarebbe, se accolta, inconciliabile appunto con i reati di mera condotta (nei quali non è strutturalmente concepibile un evento come effetto naturale distinto dalla condotta, esaurendosi l'illecito nella realizzazione di quest'ultima), identifica l'evento con la stessa offesa all'interesse tutelato dalla fattispecie incriminatrice (c.d. **concezione giuridica**). Tuttavia, a tale impostazione viene replicato che nell'ambito dei reati di mera condotta (privi di un evento c.d. naturalistico) non è in realtà necessario ipotizzare un evento giuridico come risultato che consegue o si aggiunge alla condotta medesima: questo perché l'offesa all'interesse protetto non è un'entità materiale che si somma all'azione, ma la stessa azione. In altre parole, la lesione del bene si immedesima e si esaurisce nella realizzazione della condotta tipica.

## 3.4. Il rapporto di causalità: le teorie della causalità

**Art. 40 – Rapporto di causalità**
[1] Nessuno può essere punito per un fatto preveduto dalla legge come reato, se l'evento dannoso o pericoloso, da cui dipende l'esistenza del reato, non è conseguenza della sua azione od omissione.
[2] Non impedire un evento, che si ha l'obbligo giuridico di impedire, equivale a cagionarlo.

Il nesso di causalità è uno degli elementi costitutivi del reato (assieme a condotta ed evento) e lega appunto l'azione all'evento.

Diverse le teorie elaborate da DOTTRINA e GIURISPRUDENZA sulla determinazione concettuale e sui modi di accertamento del rapporto di causalità:

a) **teoria della *condicio sine qua non* o condizionalistica**: le cause concorrenti, sufficienti da sole a determinare l'evento, sono tutte causa dello stesso evento, per cui per la sussistenza del rapporto di causalità è sufficiente che l'agente abbia realizzato una condizione qualsiasi dell'evento. Tale impostazione porta ad una eccessiva dilatazione del concetto di causa e a conseguenze assurde (ad es. l'aggressore di una persona, successivamente deceduta per un incidente fortuito avvenuto durante il tragitto in ospedale, dovrebbe rispondere di omicidio consumato e non soltanto di lesioni, perché senza il ferimento la vittima non si sarebbe trovata sull'ambulanza poi coinvolta nell'incidente);

b) **teoria della causalità adeguata**: ai fini della sussistenza del rapporto di causalità è necessario che l'agente abbia determinato l'evento con un'azione proporzionata, cioè adeguata. È adeguata l'azione che in generale sia idonea a determinare l'effetto sulla base dell'*id quod plerumque accidit* (cioè con riferimento a criteri di normalità valutati in base alla comune esperienza). Tuttavia – si è obiettato – tale impostazione limita eccessivamente il campo della responsabilità penale, escludendo la riconducibilità alla condotta dell'uomo degli eventi improbabili anche se non eccezionali;

c) **teoria della causalità umana**: possono considerarsi causati dall'uomo soltanto gli eventi che l'uomo può dominare in virtù dei suoi poteri volitivi e conoscitivi; pertanto restano esclusi da tale ambito gli eventi eccezionali, ovvero quelli che avevano minime probabilità di verificarsi. Tale teoria è stata però accusata di ribadire, solo in altre forme, il criterio dell'adeguatezza;

d) **teoria condizionalistica orientata secondo il modello della sussunzione sotto leggi scientifiche**: le teorie precedenti non risolvono il problema causale nell'ipotesi in cui non si conosca in anticipo che una certa condotta è causa di un dato evento. Pertanto, in tal caso il criterio di identificazione del nesso causale suggerito è quello della sussunzione sotto leggi scientifiche, il cui esame va effettuato in **due fasi**: nella prima si accerta se una condotta sulla base di una legge scientifica può essere causa di un evento; nella seconda fase occorre vedere, in forza dell'accertata esistenza di una legge scientifica (chiamata "legge di copertura"), se nel caso concreto questo rapporto causale assuma rilievo per il diritto penale. Le leggi di copertura si distinguono in:

1. **leggi universali**: sono leggi scientifiche che consentono di affermare che al verificarsi di un evento si accompagna sempre il verificarsi di un altro evento;

2. **leggi statistiche**: sono leggi scientifiche che consentono di affermare che al verificarsi di un evento consegue, con un alto grado di probabilità, il verificarsi di un altro evento. Secondo tale orientamento, prevalente in DOTTRINA e in GIURISPRUDENZA, è causa di un evento penalmente rilevante il fatto umano che, valutato alla stregua di leggi scientifiche di copertura (universali e statistiche), risulti capace di produrre l'evento stesso il quale, senza di esso, non si sarebbe verificato;

e) **teoria dell'imputazione obiettiva dell'evento**: la ricerca di un criterio di imputazione dell'evento che si fondi su criteri di politica criminale sarebbe preferibile all'accertamento della causalità fondato su criteri scientifici. Da qui lo sforzo di individuare parametri di attribuzione giuridica ulteriori rispetto a quelli condizionalistici, ma di natura non strettamente causale. Due i criteri proposti:

1. **aumento del rischio**: un evento può dirsi causato da un certo comportamento, quando tale comportamento ha cagionato un aumento del rischio che l'evento si verificasse. In tal modo riescono a risolversi molti dei casi ritenuti irrisolvibili con i mezzi tradizionali. L'esempio classico è quello (tratto da una sentenza assolutoria della Cassazione tedesca) di un camionista che, superando ad una distanza inferiore a quella di sicurezza, aveva investito un ciclista ubriaco che aveva sterzato all'improvviso: la

sentenza ha stabilito che anche qualora il camionista avesse superato ad una distanza regolare, l'evento si sarebbe verificato ugualmente in quanto non si era avuto nessun aumento del rischio consentito. Altro esempio è quello del nipote che vuole uccidere lo zio e lo invita a fare un viaggio in aereo sperando che cada, come di fatto avviene. Tuttavia, la critica più convincente alla teoria dell'imputazione oggettiva dell'evento è che si tratta semplicemente di una variante della *condicio sine qua non*;

2. **scopo della norma violata**: l'imputazione viene meno tutte le volte in cui il fatto che si verifica, pur essendo causalmente riconducibile alla condotta dell'autore, non costituisce concretizzazione dello specifico rischio che la norma in questione tende a prevenire.

## 3.5. Il concorso di cause (c.d. concause)

### Art. 41 – Concorso di cause

[1] Il concorso di cause preesistenti o simultanee o sopravvenute, anche se indipendenti dall'azione od omissione del colpevole, non esclude il rapporto di causalità fra l'azione od omissione e l'evento.

Si tratta del fenomeno del concorso di più condizioni nella produzione di uno stesso evento; condizioni che possono essere antecedenti, concomitanti o successive rispetto alla condotta del reo. Il c. 1 – in base al quale il concorso di cause, anche se indipendenti dall'azione od omissione, non esclude il rapporto di causalità – appare una superflua riaffermazione della teoria condizionalistica accolta nell'art. 40 c. 1.

> [2] Le cause sopravvenute escludono il rapporto di causalità quando sono state da sole sufficienti a determinare l'evento. In tal caso, se l'azione od omissione precedentemente commessa costituisce per sé un reato, si applica la pena per questo stabilita.

Sul c. 2 sorgono invece notevoli problemi interpretativi perché, ragionando in termini logici, se una causa sopravvenuta è anche sufficiente da sola a cagionare l'evento, è del tutto ovvio che il nesso di causalità tra la condotta dell'agente e l'evento non sussiste (<u>ad es.</u> Tizio cerca di uccidere Caio prendendolo a pugni, che muore invece per un infarto – Tizio risponderà di tentato omicidio). Letta in tal modo, la norma potrebbe allora apparire superflua. Sono state allora proposte diverse interpretazioni della norma:

a) **teoria della serie causale autonoma ed indipendente**: nei lavori preparatori alla redazione del codice viene fatto un esempio in cui appare chiaro che il legislatore vuole escludere il nesso di causalità in presenza di un avvenimento eccezionale o anormale, cioè in quei casi che si chiamano di decorso causale atipico. In sostanza la norma interviene a disciplinare quei casi in cui tra la condotta e l'evento si inserisce un altro fattore causale, eccezionale e imprevedibile (e per questo atipico) che produce un evento anomalo (<u>ad es.</u> Tizio, ferito da Caio, muore nell'ospedale per un incendio – l'incendio è una causa sopravvenuta sufficiente a determinare la morte e la morte non potrà essere attribuibile al feritore, che invece risponderà del solo reato di lesioni;

b) **teoria della causalità alternativa ipotetica**: ricorre quando un evento è prodotto da una certa condotta, ma si sarebbe ugualmente verificato per un'altra causa, sopravvenuta all'incirca nello stesso momento. <u>Ad es.</u> Tizio fa esplodere un edificio con dell'esplosivo, ma si accerta che l'edificio sarebbe ugualmente stato distrutto da un incendio di vaste proporzioni sviluppatosi nelle vicinanze: in questo caso le cause alternative vanno considerate irrilevanti, perché se è vero che la casa sarebbe andata distrutta comunque, è altrettanto vero che sarebbe stata distrutta in un momento diverso e, soprattutto, con modalità diverse. Il che è sufficiente per poter affermare che tra lo scoppio dell'esplosivo e la distruzione della casa esiste il nesso di causalità;

c) **teoria della causalità addizionale**: ricorre quando un evento è stato prodotto da più cause, tutte da sole sufficienti a produrlo. Si pensi al <u>caso</u> di una persona uccisa da tre colpi di pistola mortali, esplosi contemporaneamente da tre persone diverse (Tizio, Caio e Sempronio). Quando ci sono più cause addizionali va effettuato il procedimento di eliminazione mentale (formula della *condicio sine qua non*), ma in senso inverso: non bisogna cioè eliminare mentalmente la causa che ci interessa per chiederci se l'evento si sarebbe ugualmente verificato anche in mancanza di essa, ma bisogna eliminare mentalmente le altre cause, e chiederci se la causa da noi presa in considerazione (<u>ad es.</u> lo sparo di Caio) sarebbe stato da solo condizione necessaria e sufficiente per produrre la morte;

d) **teoria della causalità cumulativa**: in certi casi un determinato evento è prodotto da più condotte attribuibili a soggetti diversi. Ciascuna di esse, da sola, non sarebbe sufficiente a produrre l'evento, ma cumulate insieme lo diventano tutte. <u>Ad es.</u> Tizio viene picchiato da un primo soggetto, subendo delle lesioni; poi viene picchiato da un altro soggetto, che aggrava le lesioni già patite. Infine, riceve un leggero schiaffo da un terzo soggetto, ma muore. Chi risponde della morte di Tizio: tutti e tre gli aggressori o solo l'ultimo? Mentre nel caso della causalità addizionale c'erano diverse condotte, tutte da sole sufficienti a determinare l'evento, qui abbiamo tante condotte nessuna da sola sufficiente, eppure tutte necessarie per la produzione dell'evento finale. Secondo la DOTTRINA e la GIURISPRUDENZA, l'evento della morte deve essere attribuito solo all'ultimo aggressore, valutando ovviamente la conoscibilità e l'eventuale consapevolezza da parte di quest'ultimo della precedente situazione del soggetto passivo.

[3] Le disposizioni precedenti si applicano anche quando la causa preesistente o simultanea o sopravvenuta consiste nel fatto illecito altrui.

Infine, il c. 3 dispone, con finalità puramente chiarificatrice e senza particolari problemi interpretativi, che il concorso di fatti illeciti altrui (dolosi, colposi o a responsabilità oggettiva) soggiace alle regole causali generali, fissate nei commi precedenti.


## 3.6. La condotta omissiva

### Art. 40 – Rapporto di causalità
[1] Nessuno può essere punito per un fatto preveduto dalla legge come reato, se l'evento dannoso o pericoloso, da cui dipende l'esistenza del reato, non è conseguenza della sua azione od omissione.
[2] Non impedire un evento, che si ha l'obbligo giuridico di impedire, equivale a cagionarlo.

L'omissione è una particolare forma di condotta criminosa costituita dal comportamento negativo di un soggetto, il quale non compia un'azione che da lui ci si attendeva.

I reati omissivi si distinguono – secondo un orientamento basato sulla necessità della presenza o no di un **evento come requisito strutturale** del fatto di reato – in due gruppi:

a) **reati omissivi propri**: sono quelli in cui la condotta negativa è sufficiente ad integrare la fattispecie criminosa (<u>ad es.</u> omissione di soccorso – art. 593);

b) **reati omissivi impropri**: sono quelli per il cui perfezionamento è necessario, come conseguenza dell'omissione, il verificarsi di un evento naturalistico (<u>ad es.</u> una madre che non somministra il cibo al figlio e lo lascia morire).

Secondo altro orientamento, la distinzione va operata in funzione della diversa **tecnica di tipizzazione** adottata dal legislatore:

a) **reati omissivi propri**: sarebbero quelli direttamente configurati come tali dal legislatore (sia o meno presente un evento naturalistico nella loro struttura);

b) **reati omissivi impropri**: sarebbero gli illeciti omissivi carenti di previsione legislativa espressa (e ricavati dalla conversione di fattispecie commissive).

Gli **elementi costitutivi** della fattispecie omissiva propria sono fissati dal legislatore (come per tutti i reati di azione):

a) **situazione tipica**: è l'insieme dei presupposti da cui scaturisce l'obbligo di attivarsi (<u>ad es.</u> nel delitto di omissione di soccorso di cui all'art. 593 la situazione tipica è costituita dalla condizione di pericolo in cui versa il soggetto bisognoso di aiuto);

b) **condotta omissiva**: secondo la teoria c.d.

normativa oggi dominante l'omissione è il non compimento, da parte di un soggetto, di una determinata azione che era da attendersi in base ad una norma (ad es., sempre nel delitto di omissione di soccorso, l'omesso soccorso). Ovviamente il soggetto deve avere la possibilità materiale di adempiere (ad es. non è tenuto a soccorrere un bagnante in difficoltà colui che non sa nuotare).

### 3.6.1. Il reato omissivo improprio

Come si è già avuto modo di dire, il reato omissivo improprio contravviene all'obbligo di impedire il verificarsi di un evento lesivo. Il codice si limita a regolamentarlo mediante la previsione di una c.d. **clausola di equivalenza**:

> **Art. 40 – Rapporto di causalità**
> [2] Non impedire un evento, che si ha l'obbligo giuridico di impedire, equivale a cagionarlo.

In questo modo, il reato omissivo improprio finisce con il dover essere ricostruito dall'interprete in base all'innesto della disposizione di cui all'art. 40 c. 2 sulle norme di parte speciale che prevedono le ipotesi di reato commissivo, suscettive a loro volta di essere 'convertite' in corrispondenti ipotesi omissive.

La norma dà così vita ad un fenomeno di estensione della punibilità, che non può certamente vedere un'indiscriminata applicazione (perché, se così fosse, l'effetto sarebbe quello di ampliare in maniera ipertrofica il sistema delle incriminazioni). Specifico campo d'azione della regola dell'equivalenza *ex* art. 40 c. 2 è quello dei **reati causali puri,** cioè quei reati di evento la cui carica di disvalore si concentra tutta nella produzione del risultato lesivo (parliamo sostanzialmente dei delitti contro la vita e l'incolumità individuale, e determinati reati contro l'incolumità pubblica – cioè tutte fattispecie penali finalizzate alla protezione della persona umana, singola o in collettività).

Per **evento** deve intendersi il 'reato' oggetto di volontà comune materialmente posto in esse da taluno dei compartecipi e non impedito da chi, fra questi, aveva l'obbligo di impedirlo. Ponendo questa equivalenza evento-reato non impedito, si ritiene che non operi il limite di applicabilità dell'art. 40 c. 2 ai soli reati causali puri, ammettendo che il titolare dell'obbligo di impedire l'evento possa partecipare anche mediante omissione alla commissione di qualsiasi illecito penale (<u>ad es.</u> l'addetto alla custodia di un magazzino non impedisce che dei ladri vi si introducano per sottrarre dei beni) (c.d. **concorso mediante omissione**).

Gli **elementi costitutivi** della fattispecie omissiva impropria risultano comunque essere i seguenti:

a) **situazione tipica**: intesa anche in questo caso (v. reati omissivi propri) come il complesso dei presupposti da cui scaturisce l'obbligo di attivarsi (<u>ad es.</u> un nuotatore inesperto in difficoltà obbliga il bagnino ad impedire l'evento-morte o altri eventi lesivi);

b) **condotta omissiva** di mancato impedimento;

c) **evento non impedito**, relativamente al quale occorre poi distinguere:
   1. **evento naturalistico** previsto dalla fattispecie commissiva di base (nei casi di realizzazione monosoggettiva),
   2. **reato che si aveva l'obbligo di impedire** (nei casi di concorso mediante omissione);

d) **connessione tra l'evento e la condotta omissiva**: è necessario un giudizio ipotetico o prognostico, ovvero si suppone mentalmente come realizzata l'azione doverosa omessa e si chiede se, in presenza, l'evento lesivo sarebbe venuto meno. Anche in questo caso, però, occorrerà affidarsi a modelli come quello della sussunzione sotto leggi scientifiche. L'omissione è causa dell'evento quando non può essere mentalmente sostituita dall'azione doverosa, senza che l'evento venga meno.

Perché l'equivalenza si realizzi è però necessario che l'agente abbia un obbligo giuridico di impedire l'evento: <u>ad es.</u>, la madre che non somministra il cibo al suo neonato, cagionandone il decesso, risponderà di omicidio in quanto l'evento si è verificato a seguito di una sua omissione, avendo l'obbligo giuridico di evitarlo in virtù del dovere di assistenza connesso alla qualità di madre. Si parla, in tal caso, di **posizione di garanzia**: si tratta di uno speciale vincolo di tutela tra un soggetto garante ed un bene giuridico, determinato dall'incapacità (totale o parziale) del titolare a proteggerlo autonomamente.

Le posizioni di garanzia possono essere inquadrate in due tipi fondamentali:

a) **posizione di protezione**: ha per scopo di preservare determinati beni giuridici da tutti i pericoli che possono minacciarne l'integrità (si pensi a quello che grava sui genitori nei confronti dei figli minori);

b) **posizione di controllo**: ha per scopo quello di neutralizzare solo determinate fonti di pericolo (<u>ad es.</u> il proprietario di un immobile ha l'obbligo di impedire il verificarsi di eventi dannosi a carico di tutti i soggetti che possono trovarsi nelle vicinanze dell'immobile).

Circa le fonti dell'obbligo, la DOTTRINA ritiene che possa sorgere da leggi, regolamenti, ordini d'autorità o anche da un contratto.

# CAPITOLO 4
# L'ANTIGIURIDICITÀ E LE CAUSE DI GIUSTIFICAZIONE

## 4.1. Cause di giustificazione, scusanti e cause di non punibilità: differenze

Con il termine **antigiuridicità** si esprime il rapporto di contraddizione tra il fatto penalmente rilevante e l'intero ordinamento giuridico. Questo rapporto di contraddizione non si configura quando anche una sola norma, ubicata in qualsiasi luogo dell'ordinamento, facoltizza o rende doverosa la realizzazione del fatto penalmente rilevante. Si dà infatti il nome di **cause di giustificazione** all'insieme delle facoltà e dei doveri derivanti da norme che autorizzano o impongono la realizzazione di un fatto.

Se il fatto è commesso in assenza di ogni causa di giustificazione, il fatto è antigiuridico, e costituirà reato se concorreranno gli altri estremi del reato (la colpevolezza e la punibilità). Se invece è commesso in presenza di una causa di giustificazione, il fatto è lecito, e quindi non costituisce reato, difettando l'estremo dell'antigiuridicità.

Le cause di giustificazione (dette anche scriminanti o esimenti) sono tassativamente individuate dalla legge ed escludono l'antigiuridicità di una condotta che, in loro assenza sarebbe penalmente rilevante e sanzionabile. Sono situazioni normativamente previste in presenza delle quali viene meno il contrasto tra un fatto conforme ad una fattispecie incriminatrice e l'intero ordinamento giuridico. In presenza di tali circostanze, infatti, una condotta (altrimenti punibile) diviene lecita in quanto una norma, desumibile dall'ordinamento giuridico considerato nel suo complesso, la ammette e/o la impone: ciò perché l'ordinamento riconosce appunto meritevoli di tutela altri interessi che possono essere prevalenti o equivalenti rispetto a quelli tutelati dalla norma violata (e da cui dovrebbe formalmente discendere l'applicazione di una sanzione).

Le cause di giustificazione vanno però distinte dalle cause di esclusione della colpevolezza (o scusanti) e dalle cause di non punibilità in senso stretto. Le cause di giustificazione, infatti, escludono l'antigiuridicità del fatto e rendono inapplicabile la sanzione (ad es. la legittima difesa). Le **cause di esclusione della colpevolezza**, invece, lasciano integra l'antigiuridicità o la illiceità oggettiva del fatto e fanno venir meno solo la possibilità di muovere un rimprovero al soggetto agente (ad es. nel caso di coazione morale). Le **cause di esenzione da pena**, infine, consistono in circostanze che lasciano sussistere sia l'antigiuridicità sia la colpevolezza.

Le **cause codificate di esclusione dell'antigiuridicità** previste dalla legge sono:

a) **consenso dell'avente diritto;**
b) **esercizio di un diritto;**
c) **adempimento di un dovere;**
d) **legittima difesa;**
e) **uso legittimo delle armi;**
f) **stato di necessità.**

## 4.2. Consenso dell'avente diritto

### Art. 50 – Consenso dell'avente diritto
Non è punibile chi lede o pone in pericolo un diritto, col consenso della persona che può validamente disporne.

Il consenso del titolare del diritto esclude l'illiceità del fatto. Perché esplichi efficacia scriminante, il consenso deve possedere i seguenti **requisiti di validità**:

a) deve essere **immune da violenza, errore o dolo**;

b) deve essere espresso da **soggetto legittimato**: è il titolare del bene protetto, che deve possedere una maturità sufficiente a comprendere il significato del consenso prestato (c.d. capacità naturale) e la maggiore età (necessaria per poter validamente consentire alla lesione di diritti patrimoniali);

c) deve avere ad oggetto **diritti disponibili** (sono invece indisponibili tutti gli interessi che fanno capo allo Stato, agli Enti Pubblici e alla famiglia):

   1. **diritti patrimoniali**;
   2. **attributi della personalità** (<u>ad es.</u> onore, libertà morale e personale, libertà sessuale, libertà di domicilio), ma il consenso non deve comportare il totale sacrificio dei beni e comunque non deve trattarsi di atti di disposizione contrari alla legge, all'ordine pubblico o al buon costume;
   3. **integrità fisica**: la portata del consenso scriminata va determinata assumendo come parametro di riferimento l'art. 5 c.c. secondo il quale gli atti di disposizione del proprio corpo sono vietati quando:
      i. cagionino una diminuzione permanente dell'integrità fisica stessa;
      ii. siano altrimenti contrari alla legge, all'ordine pubblico o al buon costume;

d) deve **sussistere al momento del fatto** e non può essere successivo o oggetto di ratifica. Può comunque sussistere:

   1. **consenso tacito**: desunto dal comportamento dell'avente diritto;
   2. **consenso putativo**: se il soggetto agisce nella erronea supposizione della sua esistenza. Tale

consenso non scrimina allorché, in base alle circostanze del caso concreto, si debba escludere la ragionevole persuasione di operare con l'assenso della persona che può disporne;

3. **consenso presunto**: quando si può fondatamente ritenere che il titolare del bene lo avrebbe concesso se fosse stato a conoscenza della situazione di fatto;

## 4.3. Esercizio di un diritto o adempimento di un dovere

> **Art. 51 – Esercizio di un diritto o adempimento di un dovere**
> [1] L'esercizio di un diritto o l'adempimento di un dovere imposto da una norma giuridica o da un ordine legittimo della pubblica autorità, esclude la punibilità.
> [2] Se un fatto costituente reato è commesso per ordine dell'autorità, del reato risponde sempre il pubblico ufficiale che ha dato l'ordine.
> [3] Risponde del reato altresì chi ha eseguito l'ordine, salvo che, per errore di fatto abbia ritenuto di obbedire a un ordine legittimo.
> [4] Non è punibile chi esegue l'ordine illegittimo, quando la legge non gli consente alcun sindacato sulla legittimità dell'ordine.

L'**esercizio di un diritto** esclude la punibilità: sarebbe infatti logicamente contraddittorio che da un lato una norma concedesse un potere di agire e, dall'altro, ne sanzionasse penalmente l'esercizio (c.d. principio di non contraddizione). Gli **elementi costitutivi** della scriminante sono i seguenti:

a) concetto di '**diritto**': secondo l'orientamento prevalente va inteso nella accezione più ampia, per cui rileva ogni potere giuridico di agire (sia esso diritto soggettivo, potestativo, potestà o facoltà giuridica).

Non rientrano nella nozione, invece, gli interessi legittimi e i c.d. interessi semplici;

b) **fonte** del diritto scriminante: può essere una legge in senso stretto, un regolamento, un atto amministrativo, un provvedimento giurisdizionale (sentenze, ordinanze, decreto), un contratto di diritto privato, la consuetudine, una fonte comunitaria;

c) **titolarità** del diritto: il 'diritto' (come sopra delineato) deve essere esercitato dal suo titolare; qualora si tratti di un diritto non personale, è ammesso il suo esercizio per il tramite di un rappresentante, al quale si estenderà la scriminante in esame;

d) **limiti** all'esercizio del diritto:

1. limiti **interni**: sono desumibili dalla *ratio* e dal contenuto astratto della norma da cui promana il diritto (così, <u>ad es.</u>, il potere di distruggere la cosa propria incontra come limiti intrinseci quelli fissati dall'art. 423, c. 2, secondo cui è punito chi incendia la cosa propria se dal fatto deriva pericolo per la incolumità pubblica);

2. limiti **esterni**: si ricavano dal complesso dell'ordinamento giuridico e sono volti alla salvaguardia di quei diritti o interessi che risultano, sulla base di un giudizio di bilanciamento, di valore uguale o maggiore di quello del cui esercizio si discute. Per i diritti previsti da leggi ordinarie, i limiti si desumono dalla fonte e dal complesso delle altre leggi contenute nell'intero ordinamento; per i diritti costituzionalmente riconosciuti (<u>ad es.</u> diritto di sciopero *ex* art. 40 Cost.) sono concepibili unicamente limiti tendenti al soddisfacimento di altri interessi costituzionali di rango equivalente.

Alcune **esemplificazioni** in tema di esercizio di un diritto:

a) **diritto di cronaca giornalistica**: costituisce estrinsecazione del diritto costituzionale alla libera manifestazione del pensiero (art. 21 Cost.), ma non può essere esercitato illimitatamente perché il bene contrapposto (l'onore) è anch'esso dotato di rango costituzionale. La GIURISPRUDENZA ha elaborato alcuni canoni/limiti:

1. verità o verosimiglianza della notizia pubblicata;
2. esistenza di un pubblico interesse alla conoscenza dei fatti;
3. obiettiva e serena esposizione della notizia;

b) **diritto di sciopero**, che incontra limiti di duplice natura:

1. **limiti interni**: sono desumibili dalla natura e dalla *ratio* del diritto in questione;
2. **limiti esterni**: derivano dall'esigenza di tutelare altri diritti costituzionalmente rilevanti che con quello di scioperano entrano in eventuale conflitto;

c) *ius corrigendi*: è il diritto di esercitare la potestà genitoriale, che si può manifestare in comportamenti che normalmente possono costituire un reato (come percosse, limitazioni alla libertà personale, offese ecc.) ma che nell'ambito familiare rappresentano **mezzi di correzione**. Il limite è posto dall'art. 571 che incrimina proprio l'abuso dei mezzi di correzione, venendo implicitamente ad ammettere che l'uso di essi sia legittimo. La stessa facoltà spetta anche a coloro che sui minori svolgono un'attività di vigilanza o educazione (ad es. maestri, educatori ecc.), mentre non spetta al terzo che esercita tale potere per una situazione momentanea e contingente (ad es. l'amico di famiglia che porta il bambino a fare una passeggiata). In quest'ultimo caso possono al più solo ipotizzarsi –

ricorrendone gli estremi – i casi della legittima difesa o dello stato di necessità;

d) *offendicula*: sono quei mezzi a tutela della proprietà (<u>ad es.</u> filo spinato posto sulla recinzione al confine della proprietà) il cui impiego può provocare offese a terzi. L'efficacia di questi mezzi viene subordinata all'esistenza di un rapporto di proporzione tra mezzo usato e bene da difendere.

L'art. 51 stabilisce che anche l'**adempimento di un dovere** imposto da una norma giuridica o da un ordine legittimo della pubblica autorità esclude la punibilità (anche in questa ipotesi nel rispetto del principio di non contraddizione): <u>ad es.</u> il poliziotto che esegue un arresto, l'ufficiale giudiziario che procede ad un pignoramento ecc.
Il **dovere** può essere imposto da:

a) una **norma giuridica**: la locuzione "dovere imposto da una norma giuridica" va intesa nel senso più ampio, e dunque come comprensiva di qualsiasi precetto giuridico (non importa se emanato dal potere legislativo o da quello esecutivo – rientrandovi <u>ad es.</u> anche gli obblighi derivanti da un regolamento);

b) una **pubblica autorità**: l'art. 51 individua il superiore con il termine "pubblico ufficiale", il che dovrebbe significare che il soggetto che impartisce l'ordine possa essere solo un pubblico ufficiale; tuttavia, la GIURISPRUDENZA sostiene che la norma si estenda anche alle persone incaricate di pubblico servizio e anche ai soggetti esercenti servizi di pubblica necessità.

L'**ordine** deve essere **legittimo**, ma occorre distinguere tra:

a) **presupposti formali di legittimità**, che si riferiscono:

1. alla competenza del superiore ad emanare l'ordine;
2. alla competenza del subordinato ad eseguirlo;
3. alla forma prescritta;

b) **presupposti sostanziali di legittimità**: attengono all'esistenza dei presupposti stabiliti dalla legge per l'emanazione dell'ordine (ad es. si pensi ai sufficienti indizi di colpevolezza a carico del destinatario di un provvedimento di custodia cautelare).

Se però il subordinato ha il potere di sindacare la legittimità dell'ordine, la scriminante non opera:

> [4] Non è punibile chi esegue l'ordine illegittimo, quando la legge non gli consente alcun sindacato sulla legittimità dell'ordine.

E laddove il controllo di legittimità non venga effettuato dai subordinati legittimati a farlo, anch'essi rispondono penalmente dell'eventuale reato commesso in esecuzione dell'ordine illegittimo:

> [2] Se un fatto costituente reato è commesso per ordine dell'autorità, del reato risponde sempre il pubblico ufficiale che ha dato l'ordine.

La regola però ammette una deroga nel caso in cui, per errore di fatto, l'esecutore abbia ritenuto di obbedire ad un ordine legittimo:

> [3] Risponde del reato altresì chi ha eseguito l'ordine, salvo che, per errore di fatto abbia ritenuto di obbedire a un ordine legittimo.

## 4.4. Legittima difesa

### Art. 52 – Difesa legittima

[1] Non è punibile chi ha commesso il fatto, per esservi stato costretto dalla necessità di difendere un diritto proprio od altrui contro il pericolo attuale di una offesa ingiusta, sempre che la difesa sia proporzionata all'offesa.

[2] Nei casi previsti dall'articolo 614, primo e secondo comma, sussiste sempre il rapporto di proporzione di cui al primo comma del presente articolo se taluno legittimamente presente in uno dei luoghi ivi indicati usa un'arma legittimamente detenuta o altro mezzo idoneo al fine di difendere:
a) la propria o la altrui incolumità;
b) i beni propri o altrui, quando non vi è desistenza e vi è pericolo d'aggressione.

[3] Le disposizioni di cui al secondo e al quarto comma si applicano anche nel caso in cui il fatto sia avvenuto all'interno di ogni altro luogo ove venga esercitata un'attività commerciale, professionale o imprenditoriale (3).

[4] Nei casi di cui al secondo e al terzo comma agisce sempre in stato di legittima difesa colui che compie un atto per respingere l'intrusione posta in essere, con violenza o minaccia di uso di armi o di altri mezzi di coazione fisica, da parte di una o più persone.

(3) Comma aggiunto dall'art. 1, L. 13 febbraio 2006, n. 59 e, successivamente, così modificato dall'art. 1, comma 1, lett. b), L. 26 aprile 2019, n. 36, a decorrere dal 18 maggio 2019. Il testo precedente la modifica disposta dalla citata Legge n. 36/2019 era il seguente: «La disposizione di cui al secondo comma si applica anche nel caso in cui il fatto sia avvenuto all'interno di ogni altro luogo ove venga esercitata un'attività commerciale, professionale o imprenditoriale.».

La legittima difesa rappresenta un residuo di autotutela che lo Stato concede al cittadino nei casi in cui l'intervento dell'Autorità non può essere tempestivo. Pur nella complessità dell'argomento e del vasto panorama giurisprudenziale esistente, i presupposti necessari perché possa essere invocata la causa di giustificazione della legittima difesa possono essere così sintetizzati:

a) l'**attualità del pericolo**: l'esistenza di una situazione per la quale, sulla base di leggi di esperienza, appaia probabile il verificarsi di un certo evento lesivo, come risultato di una condotta umana;

b) l'**ingiustizia dell'offesa** che la persona aggredita rischia di subire;

c) la **costrizione**, ovvero il condizionamento psicologico di chi subisce l'offesa che si vede costretto a porre in essere una reazione difensiva;

d) lo **stato di necessità** in cui viene a trovarsi la vittima dell'offesa;

e) la **proporzionalità** tra offesa e reazione difesa. Questo è tuttavia uno dei temi maggiormente dibattuti. Sul punto, la GIURISPRUDENZA ha chiarito che tale comparazione non possa essere meramente astratta, dovendosi procedere ad un giudizio di natura essenzialmente dinamica che tenga conto:
   1. dell'**intensità del pericolo minacciato** nei confronti dell'aggredito;
   2. dei **rapporti di forza** fra l'aggredito e l'aggressore;
   3. del **tempo** e del **luogo dell'azione**;
   4. dei **mezzi a disposizione della vittima**.

L'art. 52 c.p. prevede poi una regolamentazione a sé stante per la c.d. **legittima difesa domiciliare**. La norma è stata oggetto di due interventi normativi, il primo nel 2006 e l'ultimo nel 2019 con la legge 36. In particolare, l'ultima riforma trova origine nell'obiettivo di limitare la discrezionalità del giudice in ordine alla valutazione circa la sussistenza dei requisiti della legittima difesa allorquando l'aggressione avvenga nel domicilio.

La L. 36/2019 ha così introdotto al c. 2 l'avverbio

"sempre" riferito alla sussistenza del rapporto di proporzionalità tra difesa ed offesa, con ciò tentando di superare il precedente orientamento giurisprudenziale ed applicare la presunzione in ordine alla proporzionalità della reazione difensiva ogni qualvolta si verifichi un'offesa all'interno del domicilio:

> [2] Nei casi previsti dall'articolo 614, primo e secondo comma, sussiste **sempre** il rapporto di proporzione di cui al primo comma del presente articolo se taluno legittimamente presente in uno dei luoghi ivi indicati usa un'arma legittimamente detenuta o altro mezzo idoneo al fine di difendere:
> a) la propria o la altrui incolumità (1);
> b) i beni propri o altrui, quando non vi è desistenza e vi è pericolo d'aggressione (2).
>
> (1) Così modificato dalla L. 36/2019, a decorrere dal 18 maggio 2019. Il testo precedentemente in vigore era il seguente: "Nei casi previsti dall'articolo 614, primo e secondo comma, sussiste il rapporto di proporzione di cui al primo comma del presente articolo se taluno legittimamente presente in uno dei luoghi ivi indicati usa un'arma legittimamente detenuta o altro mezzo idoneo al fine di difendere: (…)".

A tale previsione si è affiancata l'introduzione, *ex novo*, del c. 4 che è sembrata voler introdurre una presunzione assoluta di legittimità della difesa, comunque riferita a tutti i requisiti stabiliti all'art. 52 e non solo alla proporzione tra difesa ed offesa (come nel caso previsto al c. 2) qualora la violazione di domicilio (menzionata nei commi 2 e 3) sia ancor più grave in quanto realizzata con "violenza o minaccia di uso di armi o di altri mezzi di coazione fisica, da parte di una o più persone":

> [4] Nei casi di cui al secondo e al terzo comma agisce sempre in stato di legittima difesa colui che compie un atto per respingere l'intrusione posta in essere, con violenza o minaccia di uso di armi o di altri mezzi di coazione fisica, da parte di una

o più persone (1).

(1) Comma aggiunto dalla L. 36/2019, a decorrere dal 18 maggio 2019.

Pertanto, nei casi di violenza o minaccia nel domicilio, anche l'ulteriore requisito della necessità difensiva deve essere ritenuto – in presenza delle condizioni indicate al c. 4 – come sussistente in quanto presunto per espressa disposizione di legge.

## 4.5. Uso legittimo delle armi

### Art. 53 – Uso legittimo delle armi

[1] Ferme le disposizioni contenute nei due articoli precedenti, non è punibile il pubblico ufficiale che, al fine di adempiere un dovere del proprio ufficio, fa uso ovvero ordina di far uso delle armi o di un altro mezzo di coazione fisica, quando vi è costretto dalla necessità di respingere una violenza o di vincere una resistenza all'autorità e comunque di impedire la consumazione dei delitti di strage, di naufragio, sommersione, disastro aviatorio, disastro ferroviario, omicidio volontario, rapina a mano armata e sequestro di persona.

[2] La stessa disposizione si applica a qualsiasi persona che, legalmente richiesta dal pubblico ufficiale gli presti assistenza.

[3] La legge determina gli altri casi, nei quali è autorizzato l'uso delle armi o di un altro mezzo di coazione fisica.

La scriminante dell'uso legittimo delle armi va tenuta distinta tanto dall'esercizio del diritto quanto dall'adempimento del dovere perché svolge una funzione integrativa e specificativa. Infatti tale norma trova il suo fondamento giuridico nella necessità di consentire al pubblico ufficiale l'uso delle armi al fine di adempiere un dovere del proprio ufficio.

Per poterne beneficiare occorre esclusivamente la **qualità di pubblico ufficiale** del soggetto (non si applica dunque agli incaricati di un pubblico servizio né agli esercenti un servizio di pubblica necessità). L'interpretazione prevalente è tuttavia ulteriormente restrittiva, finendo coll'identificare esclusivamente gli agenti di pubblica sicurezza o di polizia giudiziaria e i militari in servizio di pubblica sicurezza (con estensione a qualsiasi persona che, legalmente richiesta dal pubblico ufficiale, gli presti assistenza).

Il **fine** può essere esclusivamente quello di adempiere un dovere del proprio ufficio.

La norma prevede altresì la necessità di:

a) respingere una **violenza**: deve consistere in un comportamento attivo (violento) tendente a frapporre ostacoli all'adempimento del dovere di ufficio, o anche in una **minaccia** seria e particolarmente grave;

b) vincere una **resistenza**: è necessario un rapporto di proporzione, da un lato, tra i mezzi di coazione impiegati e il tipo di resistenza da vincere e, dall'altro, tra i beni in conflitto (<u>ad es.</u> non sarà certo consentito di sparare a dei manifestanti distesi sui binari, ma sarà possibile allontanarli "di peso"; così come in presenza di una resistenza posta in essere con la fuga viene meno il rapporto di proporzione tra l'uso dell'arma ed il carattere non violento della resistenza opposta al pubblico ufficiale).

## 4.6. Stato di necessità

### Art. 54 – Stato di necessità

[1] Non è punibile chi ha commesso il fatto per esservi stato costretto dalla necessità di salvare sé od altri dal pericolo attuale di un danno grave alla persona, pericolo da lui non volontariamente causato, né altrimenti evitabile, sempre che il fatto

sia proporzionato al pericolo.
[2] Questa disposizione non si applica a chi ha un particolare dovere giuridico di esporsi al pericolo.
[3] La disposizione della prima parte di questo articolo si applica anche se lo stato di necessità è determinato dall'altrui minaccia; ma, in tal caso, del fatto commesso dalla persona minacciata risponde chi l'ha costretta a commetterlo.

Lo stato di necessità è una figura ambigua, a metà strada tra le scriminanti e le scusanti (esempi tipici sono i seguenti: il naufrago che per salvarsi respinge un altro naufrago aggrappatosi alla stessa tavola, incapace di sostenere entrambi; l'alpinista che taglia la corda del compagno che ha perso la presa e che rischia di trascinarlo con sé). Coloro che ravvisano il fondamento dello stato di necessità in sole ragioni oggettive collocano l'esimente tra le scriminanti vere e proprie (cioè in quelle situazioni che fanno venire meno l'illiceità del fatto); coloro che accedono alle visioni soggettive collocano invece l'istituto tra le cosiddette "scusanti" (che non fanno venire meno l'illiceità ma solo la punibilità, per mancanza di colpevolezza).

La figura si presenta in realtà in un aspetto addirittura triplice, diverso a seconda delle fattispecie concrete:

a) **scriminante** quando il bene sacrificato è di valore inferiore a quello da salvare, perché in tal modo viene meno l'illiceità del fatto stesso (c.d. stato di necessità giustificante);

b) **scusante** nel caso in cui il bene sacrificato sia identico a quello salvato, perché in tal caso viene meno la sola colpevolezza dell'agente; il fatto quindi rimane illecito ma il soggetto è scusato (c.d. stato di necessità scusante);

c) **causa di non punibilità** nei casi in cui il bene sacrificato sia di valore uguale a quello salvato, e residui anche la colpevolezza dell'agente.

La scriminante dello stato di necessità presenta comunque molte affinità con quella della legittima difesa, differenziandosene per alcuni aspetti:

a) nello stato di necessità non viene leso il diritto dell'aggressore, ma di un estraneo del tutto innocente al fatto;

b) lo stato di necessità è invocabile non per difendere qualunque diritto ma solo in caso di "danno grave alla persona";

c) in caso di stato di necessità ai sensi dell'art. 2045 c.c. al danneggiato è dovuta un'indennità (la cui misura è rimessa all'equo apprezzamento del giudice).

Requisiti dello stato di necessità sono:

a) **attualità del pericolo**: è elemento comune anche alla legittima difesa;

b) **pericolo non volontariamente causato**: l'accertamento della volontarietà deve essere riferito alla situazione pericolosa cui immediatamente si ricollega il danno, e non ai suoi lontani antecedenti (così ad es. anche il dissipatore di fortune potrà invocare lo stato di necessità laddove, rimasto sul lastrico, rubi un farmaco salvavita per il figlio). Ciò premesso, viene privilegiata una interpretazione che considera volontariamente causate le situazioni di pericolo dovute anche a semplice colpa: ad es. l'automobilista che crea una situazione di rischio a causa della propria condotta imprudente e che prevede (**colpa c.d. cosciente**) o poteva prevedere (**colpa c.d. incosciente**) il verificarsi di un sinistro non può giustificare una manovra d'emergenza che causi lesioni a terzi sostenendo facendo leva sulla necessità di evitare un urto contro un ostacolo. Così come sarà scriminato l'alpinista che abbandona l'altro al suo destino, se il pericolo è sorto all'improvviso senza possibilità di prevederlo; ma non potrà dirsi altrettanto se vi era una situazione metereologica tale da rendere prevedibile il pericolo;

c) **inevitabilità del pericolo**: si ritiene che la valutazione della inevitabilità debba essere effettuata con criteri più rigorosi che non nella legittima difesa (<u>ad es.</u>, la fuga sarebbe sempre da preferire all'offesa arrecata al terzo innocente);

d) **danno grave alla persona**: la gravità può essere valutata secondo un **criterio c.d. qualitativo** (<u>ad es.</u> nel caso del bene-vita) o un **criterio c.d. quantitativo** (<u>ad es.</u> è grave solo un danno all'integrità fisica che comporti una lesione di particolare rilevanza);

e) **rapporto di proporzione** tra fatto e pericolo: nello stato di necessità il giudizio è più rigoroso che nella legittima difesa, perché colui che viene leso è un terzo estraneo, e non l'aggressore. Il grado di proporzione non va fatto tra le entità dei rispettivi danni, ma rispetto a tutti gli elementi caratterizzanti la situazione di fatto. Occorrerà cioè tenere nel debito conto l'elemento soggettivo, le modalità di realizzazione, il grado di pericolo che minaccia il bene ed il grado di probabilità di salvarlo attraverso l'azione necessitata.

Ricorre il c.d. **soccorso di necessità** quando l'azione necessitata è compiuta non da colui che è in pericolo ma da un terzo soccorritore ("costretto dalla necessità di salvare sé od **altri**" – c. 1).

Il c. 2 stabilisce che la scriminante non si applica a chi ha un particolare **dovere giuridico di esporsi al pericolo** (<u>ad es.</u> vigili del fuoco, guardie alpine ecc.):

> [2] Questa disposizione non si applica a chi ha un particolare dovere giuridico di esporsi al pericolo.

Infine, l'ultimo comma dell'art. 54 introduce la c.d. **coazione morale** (o costringimento psichico):

> [3] La disposizione della prima parte di questo articolo si applica anche se lo stato di necessità è determinato dall'altrui minaccia; ma, in tal caso, del fatto commesso dalla persona minacciata risponde chi l'ha costretta a commetterlo.

Gli esempi classici sono quelli dell'automobilista che, costretto a correre a folle velocità da chi gli punta contro una pistola, provoca un incidente, e del testimone che depone il falso perché minacciato.

## 4.7. L'eccesso colposo

**Art. 55 – Eccesso colposo**
[1] Quando, nel commettere alcuno dei fatti preveduti dagli articoli 51, 52, 53 e 54, si eccedono colposamente i limiti stabiliti dalla legge o dall'ordine dell'autorità ovvero imposti dalla necessità, si applicano le disposizioni concernenti i delitti colposi, se il fatto è preveduto dalla legge come delitto colposo.
[2] Nei casi di cui ai commi secondo, terzo e quarto dell'articolo 52, la punibilità è esclusa se chi ha commesso il fatto per la salvaguardia della propria o altrui incolumità ha agito nelle condizioni di cui all'articolo 61, primo comma, n. 5) ovvero in stato di grave turbamento, derivante dalla situazione di pericolo in atto (1).

(1) Comma aggiunto dalla L. 36/2019, a decorrere dal 18 maggio 2019.

La disposizione di cui all'art. 55 ricorre allorché sussistono i presupposti di fatto di una causa di giustificazione ma l'agente ne travalica i limiti per colpa (ad es. l'aggredito, a causa di un errore inescusabile di valutazione, uccide l'aggressore anziché limitarsi ad allontanarlo).

Parte della DOTTRINA distingue **due forme di eccesso colposo**:

a) il primo si ha quando si cagiona un determinato risultato volutamente perché si valuta erroneamente la situazione di fatto;

b) il secondo si verifica quando la situazione di fatto è valutata esattamente, ma per un errore esecutivo si produce un evento più grave di quello che sarebbe stato necessario cagionare.

Tuttavia, quello che conta ai fini dell'applicabilità della norma è che la volontà dell'agente sia sempre tesa a realizzare quel fine che nella situazione concreta rende giustificato il comportamento (prescindendo dunque dall'errore sulla necessità o esecutivo). Il delitto così commesso sarà un delitto colposo.

Diverso è ovviamente il caso in cui l'agente, ben a conoscenza della situazione concreta e dei mezzi necessari al raggiungimento dell'obiettivo consentito, superi volontariamente i limiti dell'agire discriminato: in questo caso l'eccesso è doloso e il soggetto dovrà rispondere del reato commesso a titolo di dolo (ad es. Tizio viene aggredito da Caio durante un tentativo di rapina e, pur potendo solo allontanarlo, lo affronta appositamente con un coltello per procurargli uno sfregio permanente).

Dottrina e GIURISPRUDENZA ritengono inoltre configurabile l'ipotesi di eccesso colposo anche nei casi di **scriminante putativa** (cioè non esistente nella realtà ma solo nella mente dell'agente).

# CAPITOLO 5
# L'ELEMENTO SOGGETTIVO

## 5.1. La colpevolezza: le concezioni e la struttura

La concezione analitica del reato ha dato luogo, come abbiamo visto nel capitolo 2, fondamentalmente a due teorie:

a) la **teoria bipartita**, per la quale il reato è un fatto umano (elemento oggettivo) commesso con volontà colpevole (elemento soggettivo);
b) la **teoria tripartita**, per la quale il reato è un fatto umano tipico, antigiuridico e colpevole.

Va preliminarmente sottolineato che il termine 'colpevolezza' non ricorre nel codice (il quale contempla solo il dolo e la colpa, nonché il requisito della coscienza e volontà) ed è stato coniato dalla DOTTRINA. Si tratta in pratica di un concetto processuale che, originariamente, indicava il soggetto giudicato colpevole del reato contestatogli, e che, col passare del tempo, ha assunto un significato sostanziale.

Nonostante la sua inesistenza a livello normativo, quello della colpevolezza è ormai da considerare (secondo la DOTTRINA maggioritaria) uno dei principi cardine del diritto penale. Il suo ruolo centrale risulterebbe confermato dalla sua rilevanza costituzionale *ex* art. 27 c. 1 Cost.: il principio della personalità della responsabilità penale in esso fissato va inteso nel senso di responsabilità per fatto proprio colpevole. Cioè il legislatore costituzionale, nell'affermare che la responsabilità penale è 'personale', ha espresso il principio secondo cui l'applicazione della pena presuppone l'attribuibilità psicologica del singolo fatto di reato alla volontà del soggetto. L'imputazione soggettiva del fatto criminoso può considerarsi veramente conforme al principio di personalità a condizione che il fatto stesso sia attribuibile all'autore almeno a titolo di 'colpa'. L'idea di colpevolezza presuppone dunque il rifiuto della responsabilità per l'evento; subordinare la punibilità alla colpevolezza equivale altresì a bandire ogni forma di responsabilità per accadimenti dovuti al mero caso fortuito.

La colpevolezza è colpevolezza per il fatto e, più precisamente, per aver commesso un fatto lesivo di un bene penalmente protetto (e ciò nel rispetto dei principi oggettivi di materialità e lesività ai quali si ispira il diritto penale).

Quanto alle concezioni sulla colpevolezza, si riscontrano diversi orientamenti:

a) **concezione psicologica**: secondo tale teoria classica la colpevolezza consiste in una relazione psicologica tra fatto e autore. In questo modo la categoria viene ad assolvere due funzioni:
   1. viene a ricomprendere i due fondamentali criteri di imputazione soggettiva (dolo e colpa);
   2. esprime l'esigenza di circoscrivere la colpevolezza all'atto di volontà relativo al singolo reato, a prescindere da ogni valutazione della personalità complessiva dell'agente e del processo motivazionale che sorregge la condotta.

   In realtà, la concezione è apparsa particolarmente deficitaria sul piano funzionale, in quanto non tiene conto delle diverse motivazioni che inducono a delinquere (non distinguendo, <u>ad es.</u>, tra chi commette un furto per avere un bene di lusso e chi lo commette per bisogno);

b) **concezione normativa**: secondo questa diversa e

successiva accezione la colpevolezza consiste nella valutazione 'normativa' della rimproverabilità dell'atteggiamento psicologico tenuto dall'autore. In questo senso la colpevolezza è un 'rimprovero' che può muoversi all'autore del fatto; è quasi un giudizio di valore, perché consiste in una sorta di giudizio morale. Più precisamente:

1. nel dolo si rimprovera all'agente di aver voluto un fatto che non doveva volere;
2. nella colpa si rimprovera di non aver impedito un fatto che si aveva il dovere di impedire.

Coloro che aderiscono alla concezione normativa preferiscono specificare che il rimprovero mosso al soggetto non è un rimprovero di tipo morale, ma è di tipo giuridico (di qui il nome di "concezione normativa"). Il rimprovero non viene mosso al soggetto per il suo carattere e per la sua personalità, ma perché, pur avendo la possibilità di agire in modo conforme ai precetti dell'ordinamento, ha preferito agire diversamente.

Contro tale teoria si è obiettato soprattutto che, se la colpevolezza è un giudizio di valore, essa non può costituire un elemento del reato: il giudizio di valore è operato dal giudice, ed è quindi un elemento esterno al reato.

Inoltre, configurato in tal modo, il giudizio di colpevolezza non è altro che un giudizio di antigiuridicità: tant'è che non esiste causa di esclusione della colpevolezza che non sia al tempo stesso causa di esclusione dell'antigiuridicità.

In definitiva, la categoria della colpevolezza non rappresenta un autonomo istituto del diritto penale ma una mera sintesi, un 'superconcetto': si tratta di una categoria convenzionale, di comodo, utile per raggruppare istituti diversi (come il dolo, la colpa, la preterintenzione e l'ignoranza inescusabile della legge penale) che fanno parte dell'elemento soggettivo del reato. Appare impossibile formulare una nozione unitaria dell'istituto e di conseguenza, quando useremo il termine colpevolezza, spesso lo useremo come espressione di sintesi, per indicare il complesso dei requisiti soggettivi necessari per l'imputazione di un fatto al suo autore.

## 5.2. L'imputabilità

È colpevole un soggetto imputabile, il quale abbia realizzato con dolo o colpa la fattispecie obiettiva di un reato, in assenza di circostanze tali da rendere necessitata l'azione illecita. I **presupposti della colpevolezza** risulterebbero dunque i seguenti:

a) imputabilità;
b) dolo o colpa:
c) conoscibilità del divieto penale;
d) assenza di cause di esclusione della colpevolezza.

Alcuni autori sostengono che colpevolezza e imputabilità sarebbero concetti diversi e andrebbero perciò tenuti su piani nettamente distinti (l'imputabilità non appartiene, si sostiene, all'area della colpevolezza – cioè alla teoria del reato – ma alla teoria del reo). Tuttavia, in termini operativi le due tesi contrapposte non portano a differenze di rilievo, se non in due casi:

a) **errore di fatto** (art. 47): dal momento che l'errore può essere determinato anche da colpa, la relativa norma non potrebbe essere applicata se si ritiene che l'inimputabilità escluda il dolo o la colpa;
b) **ignoranza della legge penale** (art. 5): se si ritiene che il non imputabile non possa agire con dolo o colpa, si dovrebbe applicare sempre e comunque l'art. 5 (dal momento che non potrebbe essere

effettuata l'indagine relativa alla totale assenza di colpa per non aver conosciuto il precetto penale).

## 5.2.1. La capacità d'intendere e di volere

**Art. 85 – Capacità d'intendere e di volere**
[1] Nessuno può essere punito per un fatto preveduto dalla legge come reato, se, al momento in cui lo ha commesso non era imputabile.
[2] È imputabile chi ha la capacità d'intendere e di volere.

Il codice penale all'art. 85 definisce l'imputabilità come capacità di intendere e di volere che deve sussistere al momento del fatto:

a) **capacità di intendere**: è l'attitudine ad orientarsi nel mondo esterno secondo una percezione non distorta della realtà. È la capacità di comprendere il significato del proprio comportamento e di valutarne le possibili ripercussioni (positive o negative) sui terzi;

b) **capacità di volere**: consiste nel potere di controllare gli impulsi ad agire e di determinarsi secondo il motivo che appare più ragionevole o preferibile in base ad una concezione di valore; di fatto, è la capacità di distinguere ciò che bisogna fare e ciò che non bisogna fare.

Il legislatore provvede poi a trattare le cause che incidono sull'imputabilità:

a) **minore età** (artt. 97-98);
b) **infermità di mente** (art. 88-89);
c) **ubriachezza** e **tossicodipendenza** (artt. 91-95);
d) **sordomutismo** (art. 96).

## 5.2.2. Minore età

### Art. 97 – Minore degli anni quattordici
Non è imputabile chi nel momento in cui ha commesso il fatto, non aveva compiuto i quattordici anni.

### Art. 98 – Minore degli anni diciotto
[1] È imputabile chi, nel momento in cui ha commesso il fatto, aveva compiuto i quattordici anni, ma non ancora i diciotto, se aveva capacità d'intendere e di volere; ma la pena è diminuita.
[2] Quando la pena detentiva inflitta è inferiore a cinque anni, o si tratta di pena pecuniaria, alla condanna non conseguono pene accessorie. Se si tratta di pena più grave, la condanna importa soltanto l'interdizione dai pubblici uffici per una durata non superiore a cinque anni, e, nei casi stabiliti dalla legge, la sospensione dall'esercizio della responsabilità genitoriale.

Un soggetto è pienamente imputabile col compimento della maggiore età, perché si presume che disponga della capacità di intendere e di volere (presunzione relativa perché può essere esclusa o diminuita in presenza delle cause legislativamente previste). Al di sotto dei 18 anni occorre distinguere tra:

a) **minore di 14 anni**: il soggetto è inimputabile (presunzione di incapacità di natura assoluta – non è ammessa prova contraria); tuttavia, se il giudice accerta la sua pericolosità sociale, potrà assoggettarlo ad una misura di sicurezza;

b) **minore tra i 14 e i 18 anni**: ai sensi dell'art. 98 occorre accertare in concreto se il soggetto, al momento del fatto, aveva capacità di intendere e di volere (nel caso affermativo, la pena è comunque diminuita). L'incapacità minorile si fonda su una condizione identificabile con la situazione di 'immaturità'; maturità che viene concretamente accertata in relazione alla natura del reato commesso.

### 5.2.3. Infermità di mente

**Art. 88 – Vizio totale di mente**
Non è imputabile chi, nel momento in cui ha commesso il fatto, era, per infermità, in tale stato di mente da escludere la capacità d'intendere o di volere.

**Art. 89 – Vizio parziale di mente**
Chi, nel momento in cui ha commesso il fatto, era, per infermità, in tale stato di mente da scemare grandemente, senza escluderla, la capacità d'intendere o di volere, risponde del reato commesso; ma la pena è diminuita.

Il nostro codice, nel disciplinare le cause patologiche che influenzano l'imputabilità, ha accolto un indirizzo 'bio-psicologico': non è sufficiente accertare una malattia mentale per farne conseguire automaticamente la non imputabilità del soggetto ma occorre appurare se e in quale misura la malattia stessa ne comprometta la capacità di intendere e di volere.

Tale impostazione ha sollevato complessi problemi interpretativi, sia sul piano dottrinale che giudiziario.

Lo stesso concetto di **'infermità'** è più ampio di quello di **'malattia'** perché ricomprende anche disturbi psichici di carattere non strettamente patologico. Quel che in realtà interessa l'ambito penale è, al di là dell'inquadramento medico-formale, che il disturbo sofferto dal soggetto abbia in concreto l'attitudine a compromettere gravemente la capacità sia di percepire il disvalore del fatto commesso, sia di recepire il significato del trattamento punitivo. L'infermità, peraltro, può derivare anche da una malattia fisica (si pensi <u>ad es.</u> al delirio determinato da uno stato febbrile): la norma infatti parla di 'infermità', non solo mentale.

Comunque, il codice distingue diversi gradi del vizio di mente:

a) **vizio totale di mente**: il vizio di mente è totale se l'infermità, di cui il soggetto soffre al momento della commissione del fatto, è tale da escludere del tutto la capacità di intendere e di volere. L'infermità può anche essere transitoria. Quanto alle **monomanie** (si pensi ad es. alla cleptomania), si ritiene che il soggetto debba essere considerato incapace solo per fatti collegati con la malattia. All'imputato prosciolto per vizio totale di mente potrà essere applicata la misura di sicurezza del ricovero in un ospedale psichiatrico giudiziario (oggi sostituiti dalle R.E.M.S. - Residenze per l'esecuzione delle misure di sicurezza) previo accertamento concreto della sua pericolosità sociale;

b) **vizio parziale di mente**: non è l'anomalia che interessa un solo settore della mente, bensì quella che investe tutta la mente ma in misura meno grave. Il riconoscimento del vizio parziale di mente comporta, sul piano sanzionatorio, una diminuzione di pena e, se il soggetto è giudicato socialmente pericoloso, l'applicazione della misura di sicurezza dell'assegnazione a una casa di cura e di custodia.

Discorso a parte va fatto per gli stati emotivi o passionali:

**Art. 90 – Stati emotivi o passionali**
Gli stati emotivi o passionali non escludono né diminuiscono l'imputabilità.

Stati emotivi e passionali sono, ad es., l'ira, la gelosia, l'invidia, ma anche la paura e la sorpresa. La rilevanza scusante può essere però ammessa solo in presenza di due condizioni essenziali:

a) che lo stato di coinvolgimento emozionale si manifesti in una personalità per altro verso già debole;

b) che lo stato emotivo o passionale assuma significato e valore di infermità (anche se transitoria – ad

<u>es.</u> reazioni da panico, *raptus* ecc.).

Inutile dire che quando lo stato passionale è di tale intensità da sfociare nella malattia mentale esso può coincidere con il vizio totale o parziale di mente e quindi il soggetto può essere considerato inimputabile.

## 5.2.4. Ubriachezza e tossicodipendenza

L'ubriachezza (e la tossicodipendenza, ad essa parificata) è disciplinata nel nostro codice secondo criteri di notevole severità, che non solo portano alla parificazione del soggetto per ciò incapace al soggetto imputabile, ma ne aumentano addirittura la pena.

Il codice prevede un trattamento articolato in base alla causa dello stato di ubriachezza (o di intossicazione da stupefacenti).

L'**ubriachezza accidentale** (o l'intossicazione accidentale da stupefacenti) è quella cagionata da caso fortuito o da forza maggiore. Se porta ad una incapacità d'intendere o di volere, esclude l'imputabilità; se porta ad una incapacità solo parziale, la pena è diminuita:

**Art. 91 – Ubriachezza derivata da caso fortuito o da forza maggiore**
[1] Non è imputabile chi, nel momento in cui ha commesso il fatto, non aveva la capacità d'intendere o di volere, a cagione di piena ubriachezza derivata da caso fortuito o da forza maggiore.
[2] Se l'ubriachezza non era piena, ma era tuttavia tale da scemare grandemente, senza escluderla, la capacità d'intendere o di volere, la pena è diminuita.

L'**ubriachezza volontaria** invece non fa scemare né esclude l'imputabilità, e se preordinata comporta un aumento di pena:

### Art. 92 – Ubriachezza volontaria o colposa ovvero preordinata.

[1] L'ubriachezza non derivata da caso fortuito o da forza maggiore non esclude né diminuisce l'imputabilità.

[2] Se l'ubriachezza era preordinata al fine di commettere il reato, o di prepararsi una scusa, la pena è aumentata.

Notevole il dibattito sull'interpretazione di questa norma: dall'individuazione e valutazione – secondo i criteri di colpa o dolo – del momento in cui la persona si è procurata lo stato di ebbrezza, alla attenzione posta al solo momento in cui il fatto è commesso, tutte le posizioni si espongono ad obiezioni difficilmente superabili.

Ciò premesso, preme evidenziare la differenza tra le due previsioni (c. 1 e c. 2): nella situazione prevista dal c. 1 (cioè nell'ipotesi di ubriachezza volontaria o colposa precedentemente esaminata) il soggetto in un primo momento si ubriaca (per espressa volontà o per causa involontaria) e successivamente commette un reato (non programmato); nel caso invece dell'ubriachezza preordinata di cui al c. 2 il soggetto si ubriaca proprio allo scopo di commettere un reato (si pensi all'affievolimento dei freni inibitori che l'uso di alcool può generare).

Infine, il codice disciplina situazioni di **ubriachezza abituale e cronica**:

### Art. 94 – Ubriachezza abituale

Quando il reato è commesso in stato di ubriachezza, e questa è abituale, la pena è aumentata.

Agli effetti della legge penale, è considerato ubriaco abituale chi è dedito all'uso di bevande alcooliche e in stato frequente di ubriachezza.

L'aggravamento di pena stabilito nella prima parte di questo articolo si applica anche quando il reato è commesso sotto l'azione di sostanze stupefacenti da chi è dedito all'uso di tali sostanze.

In tal caso si punisce il reo – aumentando la pena di un terzo - per la sua condotta di vita, ancorché possano esserci scusanti di varia natura che abbiano influito su detta scelta.

Tuttavia, particolarmente criticata è l'equiparazione legislativa tra **cronica intossicazione da alcool e cronica intossicazione da sostanze stupefacenti** (soprattutto se considerata alla stregua delle conoscenze scientifiche attuali) di cui all'art. 95:

> **Art. 95 – Cronica intossicazione da alcool o da sostanze stupefacenti**
> Per i fatti commessi in stato di cronica intossicazione prodotta da alcool ovvero da sostanze stupefacenti, si applicano le disposizioni contenute negli articoli 88 e 89.

Ricerche condotte in campo medico-psichiatrico dimostrano infatti che la capacità d'intendere e di volere del tossicodipendente è già gravemente compromessa nella situazione di dipendenza da sostanza stupefacente, contrassegnata dall'insorgere della c.d. sindrome di astinenza.

Va peraltro segnalato come le stesse espressioni "ubriachezza abituale" e "cronica intossicazione da alcool" rappresentino, di fatto, la stessa cosa (a causa della somiglianza delle manifestazioni tipiche dell'uno e dell'altro stato sintomatologico).

## 5.2.5. Sordomutismo

> **Art. 96 – Sordomutismo**
> [1] Non è imputabile il sordomuto (1) che, nel momento in cui ha commesso il fatto, non aveva, per causa della sua infermità, la capacità d'intendere o di volere.
> [2] Se la capacità d'intendere o di volere era grandemente scemata, ma non esclusa, la pena è diminuita.
>
> (1) Si ricordi che la legge 95/2006 ha imposto in tutte le disposizioni legislative vigenti la sostituzione del termine "sordomuto" con l'espressione

"sordo preverbale o sordo", in quanto considerato improprio sia dal punto di vista medico-fisiologico sia da quello culturale dal momento che non esiste alcuna connessione fisico-patologica fra sordità e mutismo.

La norma non introduce una forma di presunzione (relativamente alla incapacità del sordo) ma stabilisce il principio per cui tanto la capacità quanto l'incapacità devono formare oggetto di concreto accertamento in giudizio.

## 5.2.6. Stato preordinato d'incapacità d'intendere o di volere

**Art. 87 – Stato preordinato d'incapacità d'intendere o di volere**
La disposizione della prima parte dell'articolo 85 non si applica a chi si è messo in stato d'incapacità d'intendere o di volere al fine di commettere il reato, o di prepararsi una scusa.

La norma è analoga a quella prevista dall'art. 92 c. 2, in tema di ubriachezza preordinata. La differenza consiste nel fatto che in caso di ubriachezza preordinata (nonché di assunzione di sostanze stupefacenti) la pena è aumentata, mentre nei casi di procurata incapacità per cause diverse la pena è immutata.

Tradizionalmente questa situazione viene definita come *actio libera in causa*. Ad es. il soggetto che vuole commettere un delitto si ubriaca al fine di precostituirsi una scusa per non essere punito, oppure per trovare il coraggio di commettere il delitto (confidando sull'alleggerimento dei freni inibitori che l'assunzione di alcool o stupefacenti comporta).

Nel caso dell'incapacità preordinata il legislatore deroga alla regola generale *ex* art. 85 della necessaria corrispondenza temporale tra imputabilità e commissione del fatto (infatti il soggetto preordinatamente incapace, nel momento in cui realizza il reato, ha già perduto il pieno autocontrollo dei propri atti). Al soggetto viene di fatto mosso un 'rimprovero' per essersi liberamente posto in quella condizione d'incapacità, che gli ha poi reso possibile o agevolato la realizzazione del fatto programmato.

Ovviamente vi deve essere omogeneità tra il reato programmato e quello concretamente realizzato in stato d'incapacità preordinata (nel caso di divergenza tra l'uno e l'altro il nesso causale verrà alterato ed il soggetto risponderà del reato realizzato senza applicazione della norma di cui all'art. 87).


## 5.3. Il dolo

> **Art. 42 – Responsabilità per dolo o per colpa o per delitto preterintenzionale. Responsabilità obiettiva**
> [2] Nessuno può essere punito per un fatto preveduto dalla legge come delitto, se non l'ha commesso con dolo, salvi i casi di delitto preterintenzionale o colposo espressamente preveduti dalla legge.

Il dolo rappresenta il normale criterio di imputazione soggettiva (*ex* art. 42 c. 2); conseguentemente, il delitto doloso costituisce il modello fondamentale di illecito penale. Gli altri criteri di imputazione soggettiva (colpa e preterintenzione) operano invece soltanto nei casi espressamente previsti dalla legge (seconda parte del c. 2) – così, ad es., se Tizio per mera disattenzione fa cadere un prezioso vaso d'epoca a casa di amici, non potrà rispondere di 'danneggiamento colposo' in quanto la legge non prevede espressamente la punibilità a titolo di colpa del reato di danneggiamento (anzi, non risponderà di alcuna fattispecie di reato ma potrà essere soggetto ad azione civilistica per il ristoro del danno arrecato).

**Art. 43 – Elemento psicologico del reato**
[1] Il delitto:
è doloso, o secondo l'intenzione, quando l'evento dannoso o pericoloso, che è il risultato dell'azione od omissione e da cui la legge fa dipendere l'esistenza del delitto, è dall'agente preveduto e voluto come conseguenza della propria azione od omissione; (...)

Secondo la previsione legislativa la nozione del dolo si incentra su tre elementi:

a) **previsione**;
b) **volontà**;
c) **evento dannoso o pericoloso**.

Questa tripartizione, fortemente criticata, è in realtà il frutto di un compromesso tra le due teorie della rappresentazione ne della volontà che si contendevano il campo al momento della redazione del codice Rocco:

a) **teoria della rappresentazione**: concepiva la volontà e la rappresentazione (o previsione) quali fenomeni psichici distinti (scindendo dunque l'atto fisico del premere un grilletto dall'evento-morte che ne può derivare e che si reputava potesse essere solo oggetto di rappresentazione mentale anticipata);

b) **teoria della volontà**: privilegiava l'elemento volitivo, ritenendo che potessero essere oggetto di volontà anche i risultati della condotta (e considerando comunque la rappresentazione come un presupposto implicito della volontà).

Secondo una concezione però ormai consolidata, il dolo strutturalmente consta di due componenti psicologiche (categorie concettualmente distinguibili, ma da considerare in reciproco rapporto), rappresentazione (o coscienza, conoscenza, previsione, elemento intellettivo) e volontà:

a) **rappresentazione**: occorre la rappresentazione o conoscenza degli elementi che integrano la fattispecie, perché se il soggetto non conosce, o rappresenta erroneamente un requisito del fatto tipico, la punibilità è esclusa per mancanza di dolo. La rappresentazione si atteggia più precisamente a **previsione** con riferimento agli accadimenti futuri che si prospettano come risultato della condotta criminosa (<u>ad es.</u> l'evento letale come conseguenza di una condotta omicida);

b) **volontà**: è la volontà consapevole di realizzare il fatto tipico.

Questa visione è perfettamente in linea con la lettera del codice che parla di evento "preveduto e voluto", dove si vuole cioè alludere ad entrambi i momenti della previsione (o rappresentazione) e della volizione (o volontà).

Nei casi in cui manchi la compresenza di questi elementi, la fattispecie non è imputabile a titolo di dolo al soggetto agente:

a) **rappresentazione senza volontà**: <u>ad es.</u> Tizio vuole uccidere Caio, ma costui muore per un infarto appena lo intravede, senza che Tizio abbia il tempo di impugnare l'arma;

b) **volontà senza rappresentazione**: <u>ad es.</u> Tizio infligge un forte pugno a Caio, di cui vuole la morte, pur sapendo che non può presumibilmente cagionarla con una semplice pugno (ma non ha armi o altri mezzi a disposizione in quel momento); tuttavia, Caio muore per una particolare fragilità dei capillari, non conosciuta da Tizio.

In ipotesi di questo tipo Tizio risponderà non per dolo ma per preterintenzione.

L'imputazione a titolo di dolo (nel rispetto del principio *cogitationis poenam nemo patitur*) presuppone che la volontà si traduca in realizzazione, almeno nello stadio del tentativo punibile (art. 56).


## 5.3.1. Intensità del dolo

**Art. 133 – Gravità del reato: valutazione agli effetti della pena**
Nell'esercizio del potere discrezionale indicato nell'articolo precedente, il giudice deve tener conto della gravità del reato, desunta:
1) dalla natura, dalla specie, dai mezzi, dall'oggetto, dal tempo, dal luogo e da ogni altra modalità dell'azione;
2) dalla gravità del danno o del pericolo cagionato alla persona offesa dal reato;
3) dalla intensità del dolo o dal grado della colpa.

Ai sensi dell'art. 133 il dolo è diversamente punito in ragione della sua intensità e il giudice deve tenerne conto ai fini della commisurazione della pena. Questo perché non ogni azione volontaria è voluta con la stessa intensità (ad es. un conto è cogliere sul fatto l'assassino della propria moglie e ucciderlo in un impeto d'ira, e altro conto è ucciderlo avendone premeditato il delitto da mesi).

Così, in relazione all'intensità, si distinguono i seguenti tipi di dolo:

a) **dolo d'impeto**: si ha quando la volontà nasce al momento del fatto e si traduce subito in azione (ad es. Tizio arriva pochi istanti dopo che Caio ha ucciso un suo congiunto, e lo uccide a sua volta);

b) **dolo di proposito**: è indice di maggiore gravità (e/o pericolosità) rispetto al precedente ed è caratterizzato da un ampio stacco temporale tra il momento della decisione e quello dell'esecuzione (ad es. Tizio uccide Caio dopo averlo rincorso a lungo);

c) **premeditazione**: rappresenta una fattispecie

aggravata (art. 577 c. 1 n. 3) dell'ipotesi precedente, consistente non solo in un ampio stacco temporale ma anche in una ostinazione criminosa particolarmente riprovevole (ad es. Tizio uccide Caio su commissione, dopo averlo pedinato e aver organizzato per tempo la fuga successiva).

## 5.3.2. Forme di dolo

Dottrina e GIURISPRUDENZA hanno nel tempo individuato diverse forme di dolo:

a) **dolo intenzionale** (o diretto di primo grado): si ha quando il soggetto ha di mira proprio la realizzazione della condotta criminosa (reato di azione) o la causazione dell'evento (reato di evento) (ad es. Tizio spara a Caio, che muore, allo scopo di ucciderlo). Qui il dolo raggiunge l'intensità massima;

b) **dolo diretto** (o di secondo grado): si ha tutte le volte in cui l'agente si rappresenta con certezza gli elementi costitutivi della fattispecie incriminatrice e si rende conto che la sua condotta sicuramente la integrerà (ad es. Tizio, durante il sequestro di un imprenditore, fa fuoco sulla scorta di quest'ultimo). In questa forma di dolo dominante è il ruolo della rappresentazione;

c) **dolo eventuale** (o indiretto): il presupposto di questa forma di dolo è che il soggetto agisca senza il fine di commettere il reato e prevedendo la concreta possibilità del verificarsi di un evento lesivo (ad es. l'uccisione di un passante in un conflitto a fuoco con la polizia; l'uccisione di un passante da parte di alcuni rapinatori in fuga a folle velocità). In merito alla configurabilità di tale forma di dolo sono state elaborate principalmente tre teorie:

1. **teoria della possibilità**: agisce già dolosamente chi prevede la concreta possibilità di provocare la lesione di un bene giuridico e, ciononostante, agisce ugualmente;
2. **teoria della probabilità**: occorre che l'agente si rappresenti non soltanto come concretamente possibile, ma come probabile la verificazione dell'evento lesivo;
3. **teoria del consenso**: la realizzazione dell'evento preveduto come possibile deve essere stato approvato interiormente dall'agente, che ha così prestato il suo consenso all'evento. "Prestare il consenso" in questo caso significa che il reo, volendo compiere una determinata azione, ha fatto un rapido calcolo di probabilità e ha previsto l'evento, accettando il suo verificarsi; se invece l'autore, pur prevedendo l'evento, non ha accettato le conseguenze e ha cercato di evitarle, allora si rientra non più nel dolo ma nella **colpa con previsione** o **cosciente** di cui all'art. 61 n. 3 (che comporta un aggravamento di pena). Per comprendere meglio le differenze, si pensi al <u>caso</u> di Tizio, che per allontanare dei ragazzi che fanno una gran confusione sotto la propria abitazione, lancia una bottiglia dal balcone della sua casa ferendo uno dei ragazzi:
   i.  se Tizio ha lanciato la bottiglia mirando al centro del gruppo di ragazzini si ha dolo eventuale;
   ii. se invece ha mirato molto lontano dal gruppo, facendo di tutto per non colpire nessuno (e, dunque, ha agito solo per spaventare), ma ne ferisce uno che rimaneva nascosto alla sua vista, allora si rientra nella

colpa con previsione.

Va tuttavia anche detto che la GIURISPRUDENZA ha spesso strumentalizzato la figura del dolo eventuale nei casi in cui non era agevole ricostruire la presenza dell'elemento del dolo;

d) **dolo alternativo**: si ha quando l'agente prevede, come conseguenza certa (dolo diretto) o possibile (dolo eventuale) della sua azione il verificarsi di due eventi, ma non sa quale si realizzerà in concreto (ad es. Tizio aggredisce Caio con un coltello, volendone indifferentemente la morte o il ferimento; un rapinatore fugge sparando all'impazzata per coprirsi la fuga);

e) **dolo generico** e **dolo specifico**: il dolo è **generico** quando si presenta nella sua forma più tipica, cioè quella della volontà dell'evento. È invece **specifico** quando per integrare il reato il legislatore prevede, oltre alla volontà dell'evento, un fine ulteriore, anche se poi il fine per avventura non si realizza (ad es. nel furto non basta volersi appropriare della cosa d'altri ma occorre anche il fine di trarne profitto);

f) **dolo di danno** e **dolo di pericolo**: la distinzione riflette semplicemente quella esistente tra reati di danno e reati di pericolo.

## 5.4. L'errore

L'errore è inteso come errata conoscenza della realtà esterna e le è parificata (*ex* art. 5) l'ignoranza (che è la mancata conoscenza della realtà).

La mancata o falsa rappresentazione, da parte dell'agente, di uno o più requisiti dell'illecito penale esclude la punibilità per il venir meno dell'elemento soggettivo del reato.

Il codice distingue le seguenti tipologie di errore:

a) **errore di diritto ed errore di fatto;**
b) **errore su legge extrapenale;**
c) **reato putativo;**
d) **reato impossibile;**
e) **reato aberrante**.

## 5.4.1 Errore di diritto ed errore di fatto

**Art. 5 – Ignoranza della legge penale**
Nessuno può invocare a propria scusa l'ignoranza della legge penale.

**Art. 47 – Errore di fatto**
[1] L'errore sul fatto che costituisce il reato esclude la punibilità dell'agente. Nondimeno, se si tratta di errore determinato da colpa, la punibilità non è esclusa, quando il fatto è preveduto dalla legge come delitto colposo.
[2] L'errore sul fatto che costituisce un determinato reato non esclude la punibilità per un reato diverso.
[3] L'errore su una legge diversa dalla legge penale esclude la punibilità, quando ha cagionato un errore sul fatto che costituisce il reato.

L'errore di diritto (art. 5) consiste nell'ignoranza o nella erronea interpretazione di una norma giuridica, penale o extrapenale (ad es. Tizio provoca la morte di un feto mostruoso, nella supposizione erronea che non si tratti di un 'uomo' nel senso della fattispecie incriminatrice dell'omicidio).

L'art. 47 c. 1 e c. 2 disciplina invece l'errore (di fatto) sul fatto (che costituisce un determinato reato). Non qualunque errore di fatto è causa di non punibilità, ma solo quell'errore che esclude il dolo. Deve quindi trattarsi di un errore che investe il fatto di reato, ovverosia di un errore sull'elemento essenziale del reato. <u>Ad es.</u> un bracconiere, scorgendo una sagoma in un canneto, spara per abbatterlo ma uccide un uomo: l'errore qui 'scusa' perché l'omicidio doloso presuppone che l'agente sia consapevole di dirigere l'azione contro un 'uomo'.

L'errore di fatto, se esclude il dolo, può però lasciare come residua una responsabilità colposa dello stesso agente, a condizione che:

a) l'errore sia stato determinato da colpa (la DOTTRINA parla di **errore colposo**, o **errore inescusabile**): <u>ad es.</u> nel caso del bracconiere il reato potrà essere punito a titolo di omicidio colposo se il soggetto poteva evitare l'evento usando maggiore prudenza e attenzione;

b) il **fatto sia previsto come colposo** dalla legge: è quindi possibile che l'errore possa portare ad un'incriminazione colposa nel reato di omicidio (come nell'esempio sopra), ma non nel caso di furto.

Vi sono tuttavia alcuni casi problematici, che analizzeremo singolarmente nei paragrafi successivi.


## 5.4.2. Errore del soggetto inimputabile

In questo caso occorre distinguere tra:

a) **errore condizionato dalla infermità mentale**: è da ritenere che non abbia rilevanza scusante (<u>ad es.</u> Tizio, afflitto da mania di persecuzione, uccide Caio perché così ritiene di difendersi dal presunto persecutore – in questo caso si ritiene non applicabile l'esimente putativa della legittima difesa, perché diversamente si perverrebbe all'inaccettabile conseguenza di rendere inapplicabile la misura di sicurezza proprio nei casi in cui un soggetto può, a causa della sua malattia, risultare socialmente pericoloso);

b) **errore non condizionato dalla infermità mentale**: è l'errore che può riguardare anche una persona capace e, dunque, ha efficacia scusante (ad es. Tizio, afflitto da mania di persecuzione, si impossessa di una valigia altrui simile alla propria);

Altra ipotesi riguarda invece l'**errore sull'età** (*error aetatis*) del soggetto col quale ci si congiunge carnalmente: non scusa in base alla disciplina dei delitti contro la libertà sessuale (artt. 609-bis e ss.), quando il fatto sia commesso in danno di un minore degli anni 14.

### 5.4.3. Errore su legge extrapenale

L'errore su una legge diversa dalla legge penale (ad es. civile o amministrativa) esclude la punibilità (art. 47 c. 3), quando ha cagionato un errore sul fatto che costituisce il reato.

L'incidenza dell'errore su legge diversa (da quella incriminatrice di parte speciale) sul dolo del fatto-reato rappresenta un problema da sempre al centro di un vivace dibattito. Questione connessa è poi quella dei criteri di distinzione tra errore su legge extrapenale che si risolve in errore sul fatto ed errore su legge extrapenale che rimane sul precetto. Sono a tal proposito individuabili due distinti orientamenti interpretativi:

a) secondo il **primo orientamento**, la norma dell'art. 47 c. 3 rappresenterebbe una deroga al principio dell'art. 5, rendendo eccezionalmente non punibile l'errore che ricade pur sempre sulla legge penale incriminatrice e riconoscendo, sia pur indirettamente, che anch'esso sia idoneo ad escludere il dolo;

b) il **secondo orientamento**, invece, ritiene che la

norma in oggetto non deroghi l'art. 5 in quanto sarebbe diretta a disciplinare un fenomeno diverso, assimilabile negli effetti più all'errore sul fatto che a quello di diritto.

Quale che sia l'indirizzo preferibile, il vero problema rimane quello di individuare quale sia l'errore su norma extrapenale che, convertendosi in errore sul fatto, esclude il dolo. Su questo la GIURISPRUDENZA è da tempo pervenuta ad una interpretazione sostanzialmente abrogativa della norma: ha infatti ritenuto che legge diversa da quella penale sia solo quella destinata *ab origine* a disciplinare rapporti giuridici di carattere non penale, non richiamati né implicitamente o esplicitamente incorporati in una norma penale. Alla stregua di questa ricostruzione va considerato errore su legge penale, e quindi inescusabile, sia quello che cade sulla struttura del reato sia quello che incide su norme, nozioni e termini propri di altre branche del diritto, introdotte nella norma penale ad integrazione della fattispecie proprio perché essi determinano il contenuto del comando penale.

Pertanto, ogni norma in qualsiasi modo richiamata dalla disposizione incriminatrice finisce immancabilmente per incorporarsi in quest'ultima, assumendo natura penale. A tale orientamento si è contrapposta la DOTTRINA, e in particolare quella parte secondo la quale occorre verificare se l'errore su legge extrapenale abbia determinato un errore sul fatto o un errore sul precetto:

a) quando un soggetto voglia e ponga in essere un comportamento corrispondente a reato, ma per errore su norma extrapenale ritenga che esso non sia illecito, tale ignoranza sarà irrilevante ai fini della punibilità per il crimine compiuto (<u>ad es.</u> Tizio, debitore, vuole e compie sottrazione dei propri beni al soddisfacimento dei creditori, ritenendo che ciò non costituisca reato perché in errore sull'interpretazione delle norme che definiscono la qualità d'imprenditore commerciale);

b) quando, invece, il soggetto per errore su norma extrapenale vuole un fatto diverso da quello incriminato, questo errore, convertendosi in errore sul fatto, esclude la punibilità (<u>ad es.</u> Tizio si appropria di una cosa altrui di cui dispone, errando sull'interpretazione delle norme che disciplinano l'usucapione).

## 5.4.4. Reato putativo e reato impossibile

**Art. 49 – Reato supposto erroneamente e reato impossibile**

[1] Non è punibile chi commette un fatto non costituente reato, nella supposizione erronea che esso costituisca reato.

[2] La punibilità è altresì esclusa quando, per la inidoneità dell'azione o per l'inesistenza dell'oggetto di essa, è impossibile l'evento dannoso o pericoloso.

[3] Nei casi preveduti dalle disposizioni precedenti, se concorrono nel fatto gli elementi costitutivi di un reato diverso, si applica la pena stabilita per il reato effettivamente commesso.

[4] Nel caso indicato nel primo capoverso, il giudice può ordinare che l'imputato prosciolto sia sottoposto a misura di sicurezza.

L'art. 49 c. 1 disciplina il c.d. **reato putativo**, che è un reato esistente solo nella mente dell'agente ma non nella realtà dei fatti, in quanto il soggetto crede di commettere un fatto penalmente illecito mentre questo non è tale per l'ordinamento.

Il reato putativo, essendo un "non-reato", non è punibile; tale previsione non è altro che una applicazione del principio di legalità (*cogitationis poenam nemo patitur*).

Nell'elaborazione dottrinaria, il reato putativo può

essere di vari tipi:

a) **reato putativo per errore di diritto**: è determinato da errore sulla rappresentazione di una norma (ad es. Tizio è convinto di aver commesso un reato, mentre la norma penale che lo prevedeva è stata da tempo abrogata);

b) **reato putativo per errore di fatto**: si verifica quando difetta un elemento materiale per inquadrare il fatto in una reale fattispecie criminosa (ad es. Tizio ritiene di aver commesso un furto, mentre ha asportato una cosa di sua proprietà – in tal caso la fattispecie del 'furto' difetta dell'elemento dell'altruità della cosa);

c) **reato putativo per errore sulle scriminanti**: si verifica allorché l'agente ponga in essere un fatto corrispondente alla norma penale incriminatrice, ma in presenza di una causa di giustificazione scriminante che egli, però, non si rappresenta come esistente (ad es. non è punibile per pascolo abusivo il soggetto che, ignorando l'autorizzazione al pascolo data dal proprietario di un fondo al proprietario del gregge, ha fatto pascolare sul fondo altrui ritenendo di farlo abusivamente).

Sempre l'art. 49 disciplina anche il c.d. **reato impossibile** che è tale o per la inidoneità dell'azione posta in essere o per l'inesistenza dell'oggetto che l'azione doveva ledere o porre in pericolo (ad es., se Tizio spara con una pistola di scarso potenziale verso Caio che si trova su di una collina a 2 km di distanza, vi è reato impossibile per inidoneità dell'azione). L'inidoneità deve però essere assoluta, nel senso che rispetto ad essa il verificarsi dell'evento deve apparire impossibile (e non soltanto improbabile).

La DOTTRINA sull'argomento ha elaborato due teorie:

a) secondo la **dottrina tradizionale** (seguita anche

dalla GIURISPRUDENZA) il reato impossibile per inidoneità dell'azione non è altro che un tentativo inidoneo, sicché l'art. 49 c. 2, sarebbe un inutile duplicato, in negativo, dell'art. 56. Pertanto, di fronte ad una determinata condotta dell'agente che non ha prodotto l'evento lesivo o pericoloso, con un giudizio di prognosi postuma (*ex ante* ed in concreto), è necessario valutare la idoneità dell'azione: se l'esito della valutazione è negativo, vi è reato impossibile (art. 49 c. 2); se l'esito è positivo, si avrà delitto tentato (art. 56);

b) un **orientamento più recente** rivendica una funzione autonoma del reato impossibile rispetto al tentativo inidoneo: se un soggetto compie singoli atti concretamente non idonei a produrre l'evento, si avrà un tentativo inidoneo e non punibile (art. 56); se, invece, l'agente pone in essere l'intera condotta, ma questa è inidonea ad offendere il bene, si avrà reato impossibile (art. 49 c. 2) (ad es. se Tizio opera una falsificazione di banconote in modo estremamente grossolano, egli ha posto in essere interamente la condotta descritta dalla norma incriminatrice di cui all'art. 453, ma la grossolanità del falso rende impossibile l'offesa o la messa in pericolo della fede pubblica, sicché la fattispecie rientrerà nell'ipotesi di cui all'art. 49 c. 2).

### 5.4.5. Reato aberrante

La divergenza tra 'voluto' e 'realizzato' può dipendere non solo da un errore che incide sul momento formativo della volontà (ad es. art. 47) ma anche da un errore nella esecuzione del reato (ad es. per un errore di mira viene colpito un soggetto diverso).

Occorre distinguere diverse forme di quella che viene

definita *aberratio ictus* (letteralmente, errore del colpo), detta **anche errore-inabilità**:

> **Art. 82 – Offesa di persona diversa da quella alla quale l'offesa era diretta**
>
> [1] Quando, per errore nell'uso dei mezzi di esecuzione del reato, o per un'altra causa, è cagionata offesa a persona diversa da quella alla quale l'offesa era diretta, il colpevole risponde come se avesse commesso il reato in danno della persona che voleva offendere, salve, per quanto riguarda le circostanze aggravanti e attenuanti, le disposizioni dell'articolo 60.
>
> [2] Qualora, oltre alla persona diversa, sia offesa anche quella alla quale l'offesa era diretta, il colpevole soggiace alla pena stabilita per il reato più grave, aumentata fino alla metà.

a) *aberratio ictus* **monolesiva**: si verifica quando il soggetto compie un errore di esecuzione e offende una persona diversa da quella voluta. Il colpevole risponde come se avesse commesso il reato in danno della persona che voleva offendere, salve, per quanto riguarda le circostanze aggravanti e attenuanti, le disposizioni dell'art. 60 (in questo modo si applica una disciplina delle circostanze orientata al principio della prevalenza del 'putativo' sul reale);

b) *aberratio ictus* **plurilesiva**: si verifica quando il soggetto compie un errore di esecuzione e commette il reato in danno della persona che aveva originariamente in mente ed anche nei confronti di altra persona. Il colpevole soggiace alla pena stabilita per il reato più grave, aumentata fino alla metà. Quanto ai criteri di attribuzione della responsabilità, si ritiene che, mentre si risponde a titolo di dolo della offesa arrecata alla vittima designata, l'ulteriore offesa nei confronti della persona erroneamente colpita viene attribuita a titolo di responsabilità oggettiva (la norma infatti non richiede che si accerti l'esistenza di un agire colposo).

Ipotesi diversa è rappresentata dall'***aberratio delicti*** (letteralmente, errore di delitto):

### Art. 83 – Evento diverso da quello voluto dall'agente

[1] Fuori dei casi preveduti dall'articolo precedente, se per errore nell'uso dei mezzi di esecuzione del reato, o per un'altra causa, si cagiona un evento diverso da quello voluto, il colpevole risponde, a titolo di colpa, dell'evento non voluto, quando il fatto è preveduto dalla legge come delitto colposo.

[2] Se il colpevole ha cagionato altresì l'evento voluto si applicano le regole sul concorso dei reati.

a) ***aberratio delicti*** **monolesiva**: il soggetto compie un errore di esecuzione e si verifica un evento diverso da quello voluto (ad es. Tizio vuole danneggiare una vetrina con un sasso, ma ferisce un passante). Il colpevole risponde a titolo di colpa dell'evento non voluto quando il fatto è preveduto dalla legge come delitto colposo;

b) ***aberratio delicti*** **plurilesiva**: il soggetto compie un errore di esecuzione e si verifica l'evento che originariamente aveva in mente ed anche un evento diverso da quello voluto (ad es. Tizio spara per uccidere e, oltre a realizzare l'omicidio, colpisce un'auto che va a fuoco). In questa ipotesi si applicano, sul piano sanzionatorio, le regole sul concorso formale di reati, per cui l'agente risponderà del reato voluto a titolo di dolo, in concorso con uno o più reati colposi.

## 5.5. L'elemento soggettivo nelle contravvenzioni

**Art. 42 – Responsabilità per dolo o per colpa o per delitto preterintenzionale. Responsabilità obiettiva.**
[4] Nelle contravvenzioni ciascuno risponde della propria azione od omissione cosciente e volontaria sia essa dolosa o colposa.

L'art. 42 c. 4 disciplina espressamente l'elemento soggettivo nelle contravvenzioni, disponendo che ciascuno risponde della propria azione od omissione cosciente e volontaria sia essa dolosa o colposa. Tale inciso sta a significare non tanto che la punibilità delle contravvenzioni possa prescindere dal dolo o dalla colpa, quanto che è indifferente la presenza dell'una o dell'altra specie di colpevolezza.

Poiché la distinzione tra dolo e colpa rileva in sede di commisurazione della pena, si ritiene che anche nel contesto delle contravvenzioni debbano ritenersi vigenti i normali principi relativi all'accertamento dell'elemento psicologico (dunque il giudice, per poter compiere tale valutazione, deve prima accertare se l'illecito contravvenzionale sia stato commesso con dolo o con colpa).

## 5.6. Il reato colposo

**Art. 43 – Elemento psicologico del reato**
[1] Il delitto:
è doloso, o secondo l'intenzione, quando l'evento dannoso o pericoloso, che è il risultato dell'azione od omissione e da cui la legge fa dipendere l'esistenza del delitto, è dall'agente preveduto e voluto come conseguenza della propria azione od omissione;
è preterintenzionale, o oltre l'intenzione, quando dall'azione od omissione deriva un evento dannoso o pericoloso più grave di quello voluto dall'agente;
**è colposo, o contro l'intenzione quando**

> **l'evento, anche se preveduto, non è voluto dall'agente e si verifica a causa di negligenza o imprudenza o imperizia, ovvero per inosservanza di leggi, regolamenti, ordini o discipline.**
>
> [2] La distinzione tra reato doloso e reato colposo, stabilita da questo articolo per i delitti, si applica altresì alle contravvenzioni, ogni qualvolta per queste la legge penale faccia dipendere da tale distinzione un qualsiasi effetto giuridico.

L'art. 43 definisce il delitto colposo quando l'evento, anche se previsto, non è voluto dall'agente, e si verifica a causa di negligenza, imprudenza o imperizia, ovvero per inosservanza di leggi, regolamenti, ordini o discipline.

In sostanza, all'agente cui si imputa il fatto si rimprovera di non aver attivato quei poteri di controllo che doveva e poteva attivare per scongiurare l'evento lesivo, non osservando lo *standard* di diligenza richiesto nella situazione concreta.

Occorre anzitutto distinguere tra:

a) **colpa incosciente**: si ha quando l'evento non è voluto né previsto dall'agente. Rappresenta la forma ordinaria e più frequente di colpa;

b) **colpa cosciente** (o con previsione): qui l'evento, pur non essendo voluto, è tuttavia previsto dall'agente;

c) **dolo**;

d) **dolo eventuale**.

Quanto alla generale **differenza col dolo**, si rileva che nella colpa l'evento non è mai voluto, semmai solo previsto (e non sempre, perché nei casi di cosiddetta colpa incosciente, in realtà, l'evento non è neanche previsto dall'agente).

Ulteriore distinzione viene effettuata in relazione alla colpevolezza: il dolo cioè sarebbe la forma più grave della volontà colpevole, nel senso che sarebbe un elemento psicologico di maggiore gravità. Se la colpevolezza è un giudizio di rimprovero, questo è massimo nel delitto doloso, mentre è di minore intensità nel delitto colposo. Tuttavia, questo è un punto di vista classico che, come sottolinea la DOTTRINA più recente, tiene poco conto della pericolosità di certe condotte: perché nel delitto colposo, se minore è la colpevolezza (nel senso che minore è la volontà di provocare l'evento), non necessariamente minore è la pericolosità sociale dell'autore (si pensi <u>ad es.</u> ai numerosi casi di responsabilità colposa in tema di circolazione, ambito sanitario ecc.).

Nel tentativo di cercare una differenza tra le due forme di elemento soggettivo, la DOTTRINA si è sostanzialmente attestata su due fronti:

a) per le cosiddette **teorie psicodinamiche** sia dolo che colpa hanno una caratteristica comune che non consiste nella coscienza e volontà, ma nel non aver frenato i propri impulsi antisociali;

b) per i sostenitori della **teoria formale** del diritto penale e del reato, la differenza poggia invece sulla diversa tecnica di tipizzazione adottata nelle fattispecie legali.

Nel dolo il legislatore richiede che una data condotta rispetti la fattispecie tipica, sia dal punto di vista oggettivo che soggettivo; nella colpa il legislatore richiede gli stessi presupposti del dolo, con la differenza che l'aspetto soggettivo non consiste nella volontà dell'azione tipica, ma nella volontà della condotta in violazione di regole cautelari.

Quanto al **fondamento della colpa**, sono state elaborate numerose teorie:

a) **tesi della prevedibilità**: secondo alcuni la colpa consisterebbe nella prevedibilità dell'evento. Il reato colposo, quindi, viene punito perché il soggetto non ha previsto ciò che doveva prevedere, e non ha fatto tutto il possibile per evitare l'evento. Vi si obietta che esiste una forma di colpa, cioè la colpa cosciente, in cui il risultato è non solo prevedibile in astratto, ma addirittura previsto (ciò che allora dovrebbe far sconfinare la fattispecie nel dolo); in secondo luogo la mancata previsione del risultato dannoso non ha valore decisivo in tutti i casi di colpa specifica, in cui assume rilievo solo l'inosservanza della regola, e non la prevedibilità dell'evento. Infine, in non pochi casi (si tratta dei casi di c.d. rischio consentito) il legislatore autorizza determinate attività rischiose in cui l'evento dannoso è prevedibile, ma tuttavia il soggetto che agisce non è punibile (si pensi <u>ad es.</u> ai voli spaziali, all'attività medico-chirurgica, a quella sportiva ecc.);

b) **tesi della pericolosità della condotta**: il soggetto sarebbe punito perché ha tenuto una condotta pericolosa, da cui era suo dovere astenersi. Tuttavia, questa impostazione non spiega perché il soggetto sia punito anche quando il pericolo non sia da lui conosciuto e, nelle attività a rischio consentito, perché in tali casi l'evento è pericoloso (e per giunta previsto) ma non è punito. Né spiega, inoltre, perché il soggetto sia punibile solo ove l'evento si sia verificato;

c) **tesi dell'evitabilità dell'evento**: il delitto colposo sarebbe punito perché non si è evitato un evento dannoso che era perfettamente evitabile. Ma vi si è obiettato che il legislatore, in quelle attività cosiddette a rischio consentito, non punisce fatti che pure potevano essere evitati, perché prevedibili ed evitabili – quindi non sempre l'aver provocato un fatto evitabile (<u>ad es.</u> la morte di un pugile) è fonte di responsabilità per colpa;

d) **inosservanza di una regola di condotta**: il fondamento della colpa starebbe nell'inosservanza di una regola di condotta, sia essa sociale/generica (negligenza, imprudenza o imperizia) oppure giuridica/specifica (regolamenti, ordini o discipline), espressamente posta per evitare eventi dannosi.

Parte della DOTTRINA ritiene che quest'ultima posizione, con il correttivo della tesi della prevedibilità ed evitabilità, potrebbe rappresentare un moderno e condiviso punto di arrivo. L'essenza unitaria della colpa sarebbe quindi ravvisabile nel rimprovero al soggetto per aver realizzato involontariamente, violando una regola di condotta, un evento evitabile mediante l'osservanza di tale regola.

Conseguentemente, la colpa può essere ravvisata quando ricorrono i seguenti requisiti:

a) **mancanza di volontà dell'evento**;
b) **violazione di una regola cautelare**;
c) **corrispondenza** tra evento provocato e quello previsto dalla norma.

## 5.6.1. Colpa, colpa cosciente (o con previsione) e dolo eventuale: differenze

La previsione dell'evento non esclude la colpa, perché si può prevedere un evento e nonostante tutto non volere che questo capiti: si pensi a colui che guida a folle velocità, ben sapendo che potrebbe uscire di strada, ma confida nelle sue capacità. È evidente che vi è differenza tra il provocare un incidente (e magari un evento lesivo) senza prevederlo assolutamente, e provocarlo avendone previsto la possibilità. Infatti, il legislatore stabilisce che nei casi di colpa con previsione la pena sia aggravata:

**Art. 61 – Circostanze aggravanti comuni**
Aggravano il reato quando non ne sono elementi
costitutivi o circostanze aggravanti speciali le circostanze seguenti: (…)
**3) l'avere, nei delitti colposi, agito nonostante
la previsione dell'evento** (…)

La colpa cosciente si pone ai confini del dolo eventuale, dal quale è molto difficile distinguerla (e si tratta, in effetti, di uno dei maggiori problemi teorici e pratici del diritto penale contemporaneo). Sia nel dolo eventuale che nella colpa cosciente il fatto dannoso non può dirsi voluto: il soggetto prevedeva che l'evento potesse accadere, senza per questo averlo come fine principale.

Secondo la DOTTRINA e la GIURISPRUDENZA prevalenti la distinzione va individuata nell'**accettazione del rischio**:

a) **nel dolo eventuale** il soggetto accetta il rischio dell'evento;

b) **nella colpa cosciente** il soggetto si limita a prevederlo, ma non lo accetta, nel senso che cerca comunque di evitarlo (un conto infatti è prevedere che possa capitare un determinato evento, e un conto è non volerlo ma accettarne il rischio che si verifichi).

La differenza può essere individuata effettuando un giudizio di prognosi postuma:

a) se, per colui che ha agito, l'evento provocato è indifferente (nel senso che avrebbe tenuto la sua condotta comunque, anche se avesse saputo in anticipo che quel determinato evento si sarebbe verificato), si ha **dolo eventuale** (<u>ad es.</u> il rapinatore che fugge a folle velocità e investe un pedone non avrebbe certo desistito dal suo intento di fuga pur avendo certezza dell'evento ulteriore);

b) se invece il soggetto, sapendo che l'evento si

sarebbe verificato, non avrebbe tenuto la sua condotta, allora si ricade nella **colpa cosciente** (<u>ad es.</u> il soccorritore che corre a folle velocità con il ferito a bordo ed investe un pedone).

Sull'argomento sono intervenute anche le Sezioni Unite della Cassazione con la nota **sentenza Tyssenkrupp** (n. 38343/2014), stabilendo che non esiste una modalità assoluta e definitiva per individuare il confine tra dolo eventuale e colpa cosciente, ma una serie di indici sintomatici, da utilizzare in modo combinato:

a) il **giudizio controfattuale alla stregua della prima formula di Frank**: questo è, secondo la CORTE SUPREMA, il più importante e discusso indicatore del dolo eventuale che si configura quando, alla stregua delle concrete acquisizioni probatorie, è possibile ritenere che l'agente non si sarebbe trattenuto dalla condotta illecita neppure se avesse avuto contezza della sicura verificazione dell'evento;

b) la **condotta nei delitti di sangue**: le caratteristiche dell'arma, la ripetizione dei colpi, le parti prese di mira e quelle colpite, sono importanti, nella prospettiva del dolo eventuale, quando non si è in presenza della elevata probabilità di verificazione dell'evento che contrassegna il dolo diretto;

c) la **lontananza dalla condotta standard**: quanto più grave ed estrema è la colpa tanto più si apre la strada ad una cauta considerazione della prospettiva dolosa. Si pensi al contesto della circolazione stradale, dove lo schema della colpa cosciente è applicato dalla GIURISPRUDENZA (mentre quello del dolo eventuale solo in alcuni rari casi in cui l'agente ha mostrato determinazione estrema nell'accettare il rischio dell'evento);

d) la **personalità dell'agente**, esaminata in concreto

e senza categorizzazioni moralistiche, può mostrare le caratteristiche del soggetto, la sua cultura, l'intelligenza, la conoscenza del contesto nel quale sono maturati i fatti e, quindi, l'acquisita consapevolezza degli esiti collaterali possibili;

e) la **durata e la ripetizione della condotta**: un comportamento repentino, impulsivo, accredita l'ipotesi di un'insufficiente ponderazione di certe conseguenze illecite, di sostanziale grave imprudenza, piuttosto che la volontaria accettazione della possibilità che si verifichino eventi sinistri, con conseguente collocazione della condotta in termini di colpa cosciente anziché di dolo eventuale;

f) la **condotta successiva al fatto**: <u>ad es.</u> il soccorso immediato e la fattiva collaborazione possono aver peso nell'accreditare un atteggiamento riconducibile alla colpa e non al dolo eventuale (e viceversa);

g) la **probabilità di verificazione dell'evento**: quanto più ci si allontana dall'umana certezza finendo nei sentieri incerti della probabilità, tanto più il giudice dovrà investigare profondamente lo scenario complessivo per scorgervi i segni di un atteggiamento riconducibile alla sfera del volere. Ricordando comunque che la probabilità non va considerata in astratto, ma dal punto di vista dell'agente, e in particolare della percezione che questi ne ha avuta al momento;

h) le **conseguenze negative o lesive anche per l'agente** in caso di verificazione dell'evento: si tratta di un tema ricorrente nell'infortunistica stradale, che accredita fortemente l'ipotesi colposa;

i) il **contesto lecito o illecito**: una situazione illecita di base indizia più gravemente il dolo.

## 5.6.2. Colpa generica e colpa specifica

La **colpa generica** è quella che si verifica per negligenza, imprudenza o imperizia. È detta 'generica' perché per la sua determinazione occorre riferirsi a concetti di comune esperienza, regole di condotta non scritte:

a) **negligenza**: si ha se la regola di condotta violata prescrive un'attività positiva (ad es. controllare periodicamente lo stato di usura delle gomme);

b) **imprudenza**: consiste nella trasgressione di una regola di condotta da cui discende l'obbligo di non realizzare una determinata azione oppure di compierla con modalità diverse da quelle tenute (ad es. mostrare un'arma puntandola verso qualcuno);

c) **imperizia**: consiste in una forma di imprudenza o negligenza 'qualificata' e si riferisce ad attività che esigono particolari conoscenze tecniche (ad es. l'attività medico-chirurgica).

Il giudizio di prevedibilità ed evitabilità dell'evento deve essere effettuato *ex ante* in base al parametro oggettivo dell'*homo eiusdem professionis et condicionis*: cioè la misura della diligenza, della perizia e della prudenza dovute sarà quella del **modello di agente** che svolga la stessa professione o mestiere o attività dell'agente reale.

La **colpa specifica** deriva invece dalla violazione di regole di condotta scritte, cioè cristallizzate in:

a) **leggi**: ad es. il Codice della strada;

b) **regolamenti**: ad es. il regolamento di esecuzione del Codice della strada;

c) **discipline**: ad es. un regolamento di fabbrica, linee guida mediche ecc.;

d) **ordini**: norme individuali poste dalla autorità pubblica o privata (come ad es. nell'ambito dei rapporti di lavoro).

Entrambe le tipologie di colpa (generica e specifica) richiedono comunque l'inosservanza della regola cautelare di condotta.

Le **regole di condotta** vanno individualizzate in rapporto ai diversi tipi di attività e, quanto al contenuto, possono così distinguersi:

a) **obbligo di astensione** (ad es. accendere fuochi in prossimità di altre sostanze esplosive; guidare in presenza di malore);

b) **obbligo di adottare misure cautelari** (ad es. adozione di particolari cautele nell'uso di materiali pericolosi);

c) **obbligo di preventiva informazione** (ad es. informarsi sulle norme di sicurezza prima di avviare una determinata attività produttiva);

d) **obbligo di controllo sull'operato altrui** (ad es. controllare i propri collaboratori e dipendenti).

### 5.6.3. Limiti del dovere di diligenza: rischio consentito e principio di affidamento del terzo

La responsabilità per colpa trova un limite per determinate attività: quelle che comportano i cosiddetti "rischi consentiti" (**attività a rischio consentito**). Si tratta cioè di attività rischiose, che si traducono in potenziali pericoli per la collettività, ma che tuttavia sono indispensabili o comunque utili alla vita sociale (si pensi ad es. alla circolazione automobilistica, ferroviaria, aerea, alle attività produttive, alla ricerca medico-scientifica ecc.).

Un criterio giuridicamente vincolante di individuazione preventiva dell'area del rischio consentito può essere offerto dal riferimento alle **autorizzazioni amministrative** che, ove esistano, rendono esplicitamente lecito lo svolgimento di determinate attività, subordinandone l'esercizio al rispetto di precise norme cautelari.

Per la GIURISPRUDENZA, nelle attività a rischio consentito, poiché la soglia della prevedibilità degli eventi dannosi è più alta di quanto non lo sia rispetto allo svolgimento di attività comuni, maggiori devono essere la diligenza e la perizia nel precostituire condizioni idonee a ridurre quanto più possibile il rischio consentito. Ne consegue che l'impossibilità di eliminazione del pericolo non può comportare un'attenuazione dell'obbligo di garanzia ma deve tradursi in un suo rafforzamento.

Ci deve poi chiedere se, data l'esistenza a carico di ciascun consociato di un dovere obiettivo di diligenza nella vita di relazione, da ciò derivino anche obblighi a contenuto cautelare relativi alla condotta di terze persone. Il **principio di affidamento** consiste appunto in questo: ogni consociato può confidare che ciascuno si comporti adottando le regole precauzionali normalmente riferibili al modello di agente proprio dell'attività che di volta in volta viene in questione. Ognuno deve dunque evitare soltanto i pericoli scaturenti dalla propria condotta, mentre non si ha l'obbligo di impedire che realizzino comportamenti pericolosi terze persone altrettanto capaci di scelte responsabili.

Tale principio subisce tuttavia delle eccezioni:

a) nei casi in cui le circostanze lascino presumere che il **terzo non sia in grado** di soddisfare le aspettative dei consociati (<u>ad es.</u> Tizio presta la propria autovettura a Caio, che lui sa bene essere privo di patente);

b) nelle ipotesi nelle quali l'obbligo di diligenza si innesta su di una **posizione di garanzia** nei confronti di un terzo incapace di provvedere a se stesso (<u>ad es.</u> l'infermiere che ha l'obbligo di impedire che il paziente a lui affidato possa compiere azioni pericolose).

Queste premesse consentono anche di affrontare un problema particolarmente ricorrente: quello della **responsabilità colposa nelle attività di *équipe***. All'interno di questa ogni partecipante risponde solo del corretto adempimento dei doveri di diligenza e di perizia inerenti ai compiti che gli sono specificamente affidati. Sussiste, tuttavia, un obbligo più ampio a carico del soggetto in posizione gerarchica sopraelevata: al capo *équipe* non può muoversi alcun rimprovero solo se l'eventuale errore di un sottoposto si verifica in una situazione di assoluta normalità (cioè tale da non dare ragionevole motivo al soggetto dell'operato diligente dei suoi collaboratori-sottoposti); diversamente, la responsabilità per l'evento graverà anche su di lui.

## 5.7. La responsabilità oggettiva

> **Art. 42 – Responsabilità per dolo o per colpa o per delitto preterintenzionale. Responsabilità obiettiva**
> [3] La legge determina i casi nei quali l'evento è posto altrimenti a carico dell'agente, come conseguenza della sua azione od omissione.

Dolo e colpa costituiscono i normali criteri di imputazione soggettiva di un fatto al suo autore. L'art. 42, infatti, solo dopo aver stabilito che di un fatto delittuoso si risponde appunto a titolo di dolo o colpa, prevede (c. 3) che la legge determina i casi nei quali l'evento è posto altrimenti a carico dell'agente. L'avverbio "altrimenti" introduce appunto un terzo e diverso parametro di imputazione, noto come responsabilità oggettiva.

Consiste nel porre a carico dell'agente un evento sulla base del solo rapporto di causalità, indipendentemente dunque dal concorso del dolo o della colpa. Il soggetto, dunque, risponderà anche se nessun rimprovero può essergli mosso.

Secondo un orientamento (prevalente), l'art. 42 c. 3 dice che la legge determina i casi in cui l'evento è posto altrimenti a carico dell'agente, prescindendo da colpa e dolo, ma non necessariamente prescindendo dalla colpevolezza, cioè da quel giudizio di rimprovero che è il fulcro del concetto di colpevolezza posto dall'art. 27 c. 1. Al reo non si rimprovera di aver agito con dolo o colpa, bensì di aver posto in essere un'attività rischiosa, le cui conseguenze ricadono tutte su di lui. Nel delitto preterintenzionale, nell'*aberratio delicti* e in tutte le altre ipotesi che esamineremo, il soggetto pone in essere una condotta illecita le cui conseguenze rischiose sono poste dal legislatore tutte interamente a carico dell'agente (sia quelle volute che quelle non volute). Purché, ovviamente, si tratti di ipotesi prevedibili ed evitabili.

Secondo ulteriori approfondimenti di suddetta impostazione, parlare di evitabilità, prevedibilità e rischio significa in realtà che si sta parlando di colpa, perché i concetti di prevedibilità ed evitabilità sono i pilastri su cui si basa la colpa. In altre parole, le ipotesi di responsabilità oggettiva sarebbero ipotesi di responsabilità per colpa; si tratterebbe di una colpa *in re ipsa*, tipizzata dal legislatore.

Le ipotesi di responsabilità oggettiva hanno certamente due caratteristiche:

a) l'evento è posto a carico dell'agente indipendentemente dal dolo o dalla colpa;

b) condotta ed evento sono legati da un nesso di causalità.

Occorre poi distinguere tra:

a) casi di **responsabilità oggettiva pura**
1. *aberratio delicti* (art. 83);
2. **responsabilità del partecipe per il reato diverso da quello voluto** (art. 116);
3. **reato di stampa** (art. 57);

b) casi di **responsabilità oggettiva mista**
1. **preterintenzione** (art 43 c. 2);
2. **reati aggravati dall'evento**;
3. **condizioni obiettive di punibilità**.

## 5.7.1. Casi di responsabilità oggettiva pura

Una prima ipotesi di responsabilità oggettiva pura è rappresentata dall'*aberratio delicti*:

> **Art. 83 – Evento diverso da quello voluto dall'agente**
> [1] Fuori dei casi preveduti dall'articolo precedente, se per errore nell'uso dei mezzi di esecuzione del reato, o per un'altra causa, si cagiona un evento diverso da quello voluto, il colpevole risponde, a titolo di colpa, dell'evento non voluto, quando il fatto è preveduto dalla legge come delitto colposo.
> [2] Se il colpevole ha cagionato altresì l'evento voluto si applicano le regole sul concorso dei reati.

Se per errore nell'uso dei mezzi di esecuzione del reato, o per un'altra causa, si cagiona un evento diverso da quello voluto, il colpevole risponde, a titolo di colpa, dell'evento non voluto, quando il fatto è preveduto dalla legge come delitto colposo. Qui il criterio di attribuzione della responsabilità è di natura obiettiva, e la formula "a titolo di colpa" si riferisce solo alle conseguenze sanzionatorie (e non al piano degli elementi strutturali del fatto di reato).

Altra ipotesi di responsabilità oggettiva pura è quella del partecipe per il **reato diverso da quello voluto**:

> **Art. 116 – Reato diverso da quello voluto da taluno dei concorrenti.**
> Qualora il reato commesso sia diverso da quello voluto da taluno dei concorrenti, anche questi ne risponde, se l'evento è conseguenza della sua azione od omissione.
> Se il reato commesso è più grave di quello voluto,

la pena è diminuita riguardo a chi volle il reato meno grave.

Qualora il reato commesso sia diverso da quello voluto da taluno dei concorrenti, anche questi ne risponde, se l'evento è conseguenza della sua azione. Anche in questo caso si ha una attribuzione di responsabilità in base al semplice nesso di causalità materiale.

Infine, vi è l'ipotesi del **reato di stampa**:

### Art. 57 – Reati commessi col mezzo della stampa periodica

Salva la responsabilità dell'autore della pubblicazione e fuori dei casi di concorso, il direttore o il vice-direttore responsabile, il quale omette di esercitare sul contenuto del periodico da lui diretto il controllo necessario ad impedire che col mezzo della pubblicazione siano commessi reati, è punito, a titolo di colpa, se un reato è commesso, con la pena stabilita per tale reato, diminuita in misura non eccedente un terzo.

Il direttore o il vicedirettore responsabile, il quale omette di esercitare sul contenuto del periodico da lui diretto il controllo necessario ad impedire che col mezzo della pubblicazione siano commessi reati, è punito, a titolo di colpa, se un reato è commesso, con la pena stabilita per tale reato, diminuita in misura non eccedente il terzo. Dottrina e GIURISPRUDENZA maggioritarie ritengono questa una figura colposa a tutti gli effetti (a differenza della precedente previsione normativa). Più precisamente, al direttore deve potersi rivolgere l'addebito o di non avere controllato (a causa di un atteggiamento negligente) il contenuto dell'articolo, ovvero di averne superficialmente valutato la liceità penale.

## 5.7.2. Casi di responsabilità oggettiva mista

Si tratta di ipotesi di responsabilità oggettiva connesse ad una fattispecie-base colposa.

> **Art. 43 – Elemento psicologico del reato**
> [3] [Il] delitto è preterintenzionale, o oltre l'intenzione, quando dall'azione od omissione deriva un evento dannoso o pericoloso più grave di quello voluto dall'agente (…)

La **preterintenzione** (ad es. l'omicidio preterintenzionale di cui all'art. 584) non delinea un nuovo modello di responsabilità, ma costituisce piuttosto un'ipotesi di dolo misto a responsabilità oggettiva.

Il delitto è preterintenzionale (o oltre l'intenzione) quando dall'azione od omissione deriva un evento dannoso o pericoloso più grave di quello voluto dall'agente: l'azione diretta a provocare l'evento meno grave (voluto) è dolosa; quanto invece all'evento più grave, la norma lo accolla all'agente sulla base del semplice nesso di causalità materiale (e, dunque, in base al criterio della responsabilità oggettiva).

Altra ipotesi di responsabilità oggettiva mista è rappresentata dai **reati aggravati dall'evento**. Sono i reati che subiscono un aumento di pena per il verificarsi di un evento ulteriore rispetto ad un fatto-base che già costituisce reato (ad es. nell'omissione di soccorso *ex* art 593 u.c., se a causa del comportamento del colpevole la vittima aggravi le sue condizioni, è previsto un aumento di pena). Si distingue tra:

a) i reati in cui **è indifferente che l'ulteriore evento sia voluto o meno**: sono i delitti di calunnia, falsa testimonianza, falsa perizia e frode processuale (che sono aggravati se da essi derivano, rispettivamente, determinate condanne o la morte, indipendentemente dal fatto che il soggetto volesse o meno tali ulteriori conseguenze);

b) i reati in cui **l'evento ulteriore deve essere non voluto,** perché altrimenti si avrebbe un'altra figura criminosa: sono i delitti di aborto, di maltrattamenti in famiglia, di abuso dei mezzi di correzione, di abbandono di persone minori o incapaci (che sono aggravati se da essi deriva, come evento non voluto, la lesione personale o la morte della persona offesa – se questo ulteriore evento fosse voluto, si configurerebbero i più gravi delitti di lesioni o di omicidio dolosi).

Infine, come ultima categoria di casi di responsabilità oggettiva mista vengono individuate le **condizioni oggettive di punibilità** (che appunto esamineremo nel capitolo 10 relativo alle vicende della punibilità):

> **Art. 44 – Condizione obiettiva di punibilità**
> Quando, per la punibilità del reato, la legge richiede il verificarsi di una condizione, il colpevole risponde del reato, anche se l'evento, da cui dipende il verificarsi della condizione, non è da lui voluto.

# PARTE TERZA
# LE FORME DI MANIFESTAZIONE DEL REATO

# CAPITOLO 6
# LE CIRCOSTANZE DEL REATO

## 6.1. Definizione e classificazione

Le circostanze del reato sono elementi che stanno intorno (*circum stant*) o accedono ad un reato già perfetto nella sua struttura, e la cui presenza determina soltanto una modificazione della pena.

Sono detti anche ***accidentalia delicti*** perché sono meramente eventuali (a differenza degli elementi essenziali del reato che, se difettano, fanno venir meno la stessa figura criminosa).

Le circostanze del reato possono così distinguersi:

a) **aggravanti e attenuanti**: le aggravanti comportano un aumento della pena (variazione c.d. quantitativa) o sua una modifica qualitativa (<u>ad es.</u> da pena pecuniaria a pena detentiva – variazione c.d. qualitativa);

b) **antecedenti** (art. 61 n. 3), **concomitanti** (art. 61 n. 4) e **susseguenti** (art. 62 n. 6) a seconda che precedano, accompagnino o seguano la condotta dell'autore del reato;

c) **comuni e speciali**: sono comuni le circostanze previste nella parte generale del codice e perciò potenzialmente applicabili a diversi reati. Sono invece speciali quelle previste dal legislatore solo in rapporto a specifiche figure di reato;

d) **ad effetto speciale**: sono quelle circostanze che importano un aumento o diminuzione della pena superiore ad un terzo. Esse sono state introdotte dalla L. 400/1984 che ne ha fornito la definizione, innovando il c 3 dell'art. 63;

e) **tipiche e generiche**: la distinzione dipende dal grado di determinatezza in sede di tipizzazione legislativa (esempio di circostanza tipica è l'uso di sostanze venefiche come aggravante dell'omicidio, mentre esempio di circostanza generica è quello di cui all'art. 62-bis relativo alle attenuanti generiche);

f) **oggettive e soggettive**: sono oggettive quelle che concernono la natura, la specie, i mezzi, l'oggetto, il tempo, il luogo e ogni altra modalità dell'azione, la gravità del danno o del pericolo, ovvero le condizioni o le qualità personali dell'offeso. Sono soggettive quelle che riguardano invece l'intensità del dolo o il grado della colpa, o le condizioni e le qualità personali del colpevole, o i rapporti tra il colpevole e l'offeso, ovvero che sono inerenti alla persona del colpevole:

**Art. 70 – Circostanze oggettive e soggettive.**
Agli effetti della legge penale:
1) sono circostanze oggettive quelle che concernono la natura, la specie, i mezzi, l'oggetto, il tempo, il luogo e ogni altra modalità dell'azione, la gravità del danno o del pericolo, ovvero le condizioni o le qualità personali dell'offeso;
2) sono circostanze soggettive quelle che concernono la intensità del dolo o il grado della colpa, o le condizioni e le qualità personali del colpevole, o i rapporti fra il colpevole e l'offeso, ovvero che sono inerenti alla persona del colpevole.
Le circostanze inerenti alla persona del colpevole riguardano la imputabilità, e la recidiva.

L'art. 59 disciplina invece il regime di imputazione delle circostanze:

**Capo II – Delle circostanze del reato**
**Art. 59 – Circostanze non conosciute o erroneamente supposte**
[1] Le circostanze che attenuano o escludono la

> pena sono valutate a favore dell'agente, anche se da lui non conosciute, o da lui per errore ritenute inesistenti.
> [2] Le circostanze che aggravano la pena sono valutate a carico dell'agente soltanto se da lui conosciute ovvero ignorate per colpa o ritenute inesistenti per errore determinato da colpa.
> [3] Se l'agente ritiene per errore che esistano circostanze aggravanti o attenuanti, queste non sono valutate contro o a favore di lui.
> [4] Se l'agente ritiene per errore che esistano circostanze di esclusione della pena, queste sono sempre valutate a favore di lui. Tuttavia, se si tratta di errore determinato da colpa, la punibilità non è esclusa, quando il fatto è preveduto dalla legge come delitto colposo.

La materia è stata significativamente innovata dalla L. 19/1990. Antecedentemente, infatti, le circostanze sia aggravanti che attenuanti venivano attribuite all'agente per il semplice fatto della loro esistenza, con la deteriore conseguenza che la semplice ricorrenza di circostanze aggravanti importava di per sé l'imputazione (oggettiva) delle medesime all'autore del reato.

L'attuale disciplina dell'art. 59, invece, stabilisce che le circostanze aggravanti sono imputate all'agente solo se da questi ritenute esistenti, ovvero ignorate o ritenute inesistenti colposamente. Le circostanze attenuanti, invece, continuano ad essere imputate all'autore del reato in quanto oggettivamente esistenti, indipendentemente dalla conoscenza che l'agente abbia di esse (secondo una disciplina chiaramente ispirata al c.d. *favor rei*).

Una disciplina particolare è prevista per l'ipotesi di errore sulla persona offesa dal reato:

### Art. 60 – Errore sulla persona dell'offeso
[1] Nel caso di errore sulla persona offesa da un reato, non sono poste a carico dell'agente le circostanze aggravanti, che riguardano le condizioni o qualità della persona offesa, o i rapporti tra offeso e colpevole.

[2] Sono invece valutate a suo favore le circostanze attenuanti, erroneamente supposte, che concernono le condizioni, le qualità o i rapporti predetti.

[3] Le disposizioni di questo articolo non si applicano, se si tratta di circostanze che riguardano l'età o altre condizioni o qualità fisiche o psichiche, della persona offesa.

## 6.2. Le singole circostanze aggravanti comuni

### Art. 61 – Circostanze aggravanti comuni

Aggravano il reato quando non ne sono elementi costitutivi o circostanze aggravanti speciali le circostanze seguenti:

**1) l'avere agito per motivi abietti o futili;**

Va anzitutto distinto il **motivo** (che rappresenta la molla, l'impulso, l'istinto che spinge ad agire) dallo **scopo** (che invece costituisce l'obiettivo dell'azione). Ciò premesso, secondo la GIURISPRUDENZA è **abietto** il motivo turpe, ignobile, ripugnante per ogni persona di media moralità (ad es. l'omicidio di un testimone per vendetta). Il motivo è invece **futile** allorché sussiste un'enorme sproporzione tra il movente e l'azione delittuosa (ad es. Tizio uccide un altro automobilista per una questione di parcheggio). La GIURISPRUDENZA ritiene questa aggravante incompatibile con l'attenuante della provocazione e anche col vizio parziale di mente.

**2) l'aver commesso il reato per eseguirne od occultarne un altro, ovvero per conseguire o assicurare a sé o ad altri il prodotto o il profitto o il prezzo ovvero la impunità di un altro reato;**

Quanto al fondamento di questa aggravante, viene spiegato sostenendo che commettere un reato per occultarne un altro o per trarne profitto è indizio di una maggiore insensibilità criminale e di maggiore pericolosità sociale. Tuttavia è stato giustamente osservato che ciò non è sempre vero; anzi, la maggior parte dei reati non stanno mai isolati ma ne presuppongono sempre un altro (<u>ad es.</u> l'impiegato che sottrae una somma e poi altera i registi contabili).

Altro aspetto problematico relativo a questa aggravante è il suo rapporto con il **reato continuato**. Ci si domanda, cioè, se tale aggravante abbia ancora una ragione d'essere dopo che il legislatore ha configurato il reato continuato nell'ipotesi in cui due o più reati siano compiuti in esecuzione di un medesimo disegno criminoso. Il problema non è affatto di poco conto, dal momento che il reato continuato configura, nella sostanza, una diminuzione di pena, mentre l'aggravante in questione un aumento. La GIURISPRUDENZA, ben distante dal ritenere l'aggravante abrogata, applica il criterio della gravità del fatto: nel caso in cui due reati vengano commessi per uno scopo unico, avremo un reato continuato quando la fattispecie indica una minore pericolosità criminale del reo; mentre scatta l'ipotesi aggravante se i fatti indicano un maggior disvalore della vicenda complessiva.

L'aggravante è stata ritenuta sussistente <u>ad es.</u> nei casi di lesioni personali commesse per realizzare una rapina impropria, guida senza patente per rubare un'autovettura, minaccia ad un testimone perché non deponga al processo ecc.

> **3) l'avere, nei delitti colposi, agito nonostante la previsione dell'evento;**

Si tratta della cosiddetta colpa con previsione di cui ci siamo già occupati.

> **4) l'avere adoperato sevizie, o l'aver agito con crudeltà verso le persone;**

Secondo la GIURISPRUDENZA, le sevizie consistono nell'inflizione di sofferenze fisiche non necessarie alla realizzazione del reato; analogamente, la crudeltà si traduce nell'inflizione di sofferenze morali che oltrepassano i limiti del normale sentimento di umanità (e che comunque appaiono superflue rispetto all'esecuzione del fatto delittuoso). La si ritiene compatibile con l'attenuante della provocazione.

> **5) l'avere profittato di circostanze di tempo, di luogo o di persona, anche in riferimento all'età, tali da ostacolare la pubblica o privata difesa;**

Viene denominata anche minorata difesa, e presuppone che il soggetto abbia consapevolezza della situazione di vulnerabilità della vittima.

> **6) l'avere il colpevole commesso il reato durante il tempo, in cui si è sottratto volontariamente alla esecuzione di un mandato o di un ordine di arresto o di cattura o di carcerazione, spedito per un precedente reato;**

Fa riferimento alla situazione della latitanza, ma gli effetti giuridici conseguono alla situazione di fatto sottesa alla qualifica giuridica, ciò comportando che è inapplicabile ai reati commessi dall'evaso.

> **7) l'avere, nei delitti contro il patrimonio o che comunque offendono il patrimonio, ovvero nei delitti determinati da motivi di lucro, cagionato alla persona offesa dal reato un danno patrimoniale di rilevante gravità;**

Secondo la GIURISPRUDENZA la rilevanza del danno deve essere valutata sul piano oggettivo, prescindendo dalla capacità economica (patrimonio) del danneggiato.

**8) l'avere aggravato o tentato di aggravare le conseguenze del delitto commesso;**

È di rara applicazione giurisprudenziale (ad es. Tizio ferisce Caio e successivamente rimuova o tenti di rimuovere la fasciatura per provocargli un'emorragia).

**9) l'avere commesso il fatto con abuso dei poteri, o con violazione dei doveri inerenti a una pubblica funzione o a un pubblico servizio, ovvero alla qualità di ministro di un culto;**

Tale circostanza si applica a tutti quei casi in cui l'abuso dei poteri o la violazione dei doveri di ufficio non siano già elementi costitutivi del reato (come nei reati dei pubblici ufficiali contro la pubblica amministrazione). Ovviamente non qualunque reato commesso dai soggetti indicati determina l'applicabilità dell'aggravante in esame, ma solo quei reati che siano stati commessi violando specifici doveri inerenti alle funzioni esercitate, o commessi avvalendosi di tale qualità (si pensi ad es. all'insegnante che, approfittando della sua posizione, commetta violenza sessuale su un alunno).

**10) l'avere commesso il fatto contro un pubblico ufficiale o una persona incaricata di un pubblico servizio, o rivestita della qualità di ministro del culto cattolico o di un culto ammesso nello Stato, ovvero contro un agente diplomatico o consolare di uno Stato estero, nell'atto o a causa dell'adempimento delle funzioni o del servizio;**

Rappresenta una tutela privilegiata a determinati soggetti in considerazione del ruolo rivestito.

**11) l'avere commesso il fatto con abuso di autorità o di relazioni domestiche, ovvero con abuso di relazioni di ufficio, di prestazione**

**d'opera, di coabitazione, o di ospitalità;**

È l'abuso della fiducia che si instaura in determinati contesti (familiari, lavorativi ecc.).

**11-bis) l'avere il colpevole commesso il fatto mentre si trova illegalmente sul territorio nazionale; (1)**

1) Comma aggiunto dalla L. 125/2008 e dichiarato poi incostituzionale dalla Corte Costituzionale, con sentenza n. 249/2010.

**11-ter) l'aver commesso un delitto contro la persona ai danni di un soggetto minore all'interno o nelle adiacenze di istituti di istruzione o formazione; (2)**

(2) Numero aggiunto dalla L.94/2009.

**11-quater) l'avere il colpevole commesso un delitto non colposo durante il periodo in cui era ammesso ad una misura alternativa alla detenzione in carcere. (3)**

(3) Numero aggiunto dalla L. 199/2010.

**11-quinquies. l'avere, nei delitti non colposi contro la vita e l'incolumità individuale e contro la libertà personale, commesso il fatto in presenza o in danno di un minore di anni diciotto ovvero in danno di persona in stato di gravidanza. (4)**

(4) Numero aggiunto dalla L. 119/2013 e successivamente così modificato dalla L. 69/2019 a decorrere dal 9 agosto 2019.

**11-sexies) l'avere, nei delitti non colposi, commesso il fatto in danno di persone ricoverate**

**presso strutture sanitarie o presso strutture sociosanitarie residenziali o semiresidenziali, pubbliche o private, ovvero presso strutture socio-educative. (5)**

(5) Numero aggiunto dalla L. 3/2018.

**11-septies. l'avere commesso il fatto in occasione o a causa di manifestazioni sportive o durante i trasferimenti da o verso i luoghi in cui si svolgono dette manifestazioni (6).**

(6) Numero aggiunto dalla L. 77/2019, a decorrere dal 15 giugno 2019.

## 6.3. Le singole circostanze attenuanti comuni

### Art. 62 – Circostanze attenuanti comuni

Attenuano il reato, quando non ne sono elementi costitutivi o circostanze attenuanti speciali, le circostanze seguenti:

**1) l'avere agito per motivi di particolare valore morale o sociale;**

L'attenuante viene ritenuta applicabile nei casi di obiezione di coscienza, di manifestazioni pacifistiche ecc. L'azione commessa deve sempre rappresentare, non solo nell'opinione dell'agente ma anche per il suo contenuto oggettivo, una risposta non incongrua rispetto al motivo allegato (sarebbe inapplicabile ovviamente al caso del pacifista che, all'insegna del proprio credo, mette a ferro e a fuoco un locale).

**2) l'aver reagito in stato di ira, determinato da un fatto ingiusto altrui;**

È l'attenuante della c.d. provocazione ed è costituita da due elementi:

a) lo stato d'ira (**elemento soggettivo**): è un impulso emotivo incontenibile che provoca nell'agente la perdita dei poteri di autocontrollo (ben diverso da stati d'animo più radicati come l'odio, il rancore, la vendetta ecc.);

b) fatto ingiusto (**elemento oggettivo**): è un fatto ingiusto, contrario non solo alle norme giuridiche ma anche alle regole sociali vigenti.

**3) l'avere agito per suggestione di una folla in tumulto, quando non si tratta di riunioni o assembramenti vietati dalla legge o dall'autorità, e il colpevole non è delinquente o contravventore abituale o professionale, o delinquente per tendenza;**

È basata sul dato d'esperienza che le folle possono talora esercitare un'efficacia suggestiva che allenta i freni inibitori e facilita la commissione di reati.

**4) l'avere, nei delitti contro il patrimonio, o che comunque offendono il patrimonio, cagionato alla persona offesa dal reato un danno patrimoniale di speciale tenuità ovvero, nei delitti determinati da motivi di lucro, l'avere agito per conseguire o l'avere comunque conseguito un lucro di speciale tenuità, quando anche l'evento dannoso e pericoloso sia di speciale tenuità;**

Il danno, analogamente alla corrispondente aggravante, va valutato in relazione al valore della cosa.

**5) l'essere concorso a determinare l'evento, insieme con l'azione o l'omissione del colpevole, il fatto doloso della persona offesa;**

Necessita di due elementi:

a) l'inserimento dell'azione dell'offeso nella serie delle cause che determinano l'evento (**elemento**

**oggettivo**);

b) la volontà di concorrere alla produzione dell'evento medesimo (**elemento soggettivo**).

Il concorso del fatto doloso dell'offeso, pur costituendo una concausa dell'evento, non deve però atteggiarsi a causa sopravvenuta da sola sufficiente a produrlo (se così fosse, *ex* art. 41 u.c. si interromperebbe il nesso causale tra l'evento e l'azione del colpevole).

**6) l'avere, prima del giudizio, riparato interamente il danno, mediante il risarcimento di esso, e, quando sia possibile, mediante le restituzioni; o l'essersi, prima del giudizio e fuori del caso preveduto nell'ultimo capoverso dell'articolo 56, adoperato spontaneamente ed efficacemente per elidere o attenuare le conseguenze dannose o pericolose del reato.**

Si tratta di due distinte circostanze attenuanti, fondate entrambe sul ravvedimento del colpevole:

a) **risarcimento o riparazione del danno**: il ristoro deve essere effettivo ed integrale, in modo da compensare sia il danno patrimoniale che quello non patrimoniale;

b) **elisione o attenuazione delle conseguenze del reato**: la GIURISPRUDENZA ritiene che le conseguenze cui la norma si riferisce siano diverse da quelle di natura patrimoniale.

## 6.4. Le circostanze attenuanti generiche

**Art. 62-bis – Circostanze attenuanti generiche (1)**
[1] Il giudice, indipendentemente dalle circostanze previste nell'articolo 62, può prendere in considerazione altre circostanze diverse, qualora

le ritenga tali da giustificare una diminuzione della pena. Esse sono considerate in ogni caso, ai fini dell'applicazione di questo capo, come una sola circostanza, la quale può anche concorrere con una o più delle circostanze indicate nel predetto articolo 62.

[2] Ai fini dell'applicazione del primo comma non si tiene conto dei criteri di cui all'articolo 133, primo comma, numero 3), e secondo comma, nei casi previsti dall'articolo 99, quarto comma, in relazione ai delitti previsti dall'articolo 407, comma 2, lettera a), del codice di procedura penale, nel caso in cui siano puniti con la pena della reclusione non inferiore nel minimo a cinque anni. (2) In ogni caso, l'assenza di precedenti condanne per altri reati a carico del condannato non può essere, per ciò solo, posta a fondamento della concessione delle circostanze di cui al primo comma. (3)

(1) Articolo aggiunto dal D.L.vo Lgt 288/1944 e così sostituito dalla L. 251/2005.

(2) La Corte costituzionale, con sentenza 183/2011, ha dichiarato l'illegittimità costituzionale del presente comma, come sostituito dalla L. 251/2005, nella parte in cui stabilisce che, ai fini dell'applicazione del primo comma del presente articolo, non si possa tenere conto della condotta del reo susseguente al reato.

(3) Comma inserito dalla L. 125/2008.

La natura e la **funzione** delle circostanze generiche sono tutt'oggi controverse:

a) secondo l'orientamento più tradizionale, l'art. 62-bis costituirebbe una sorta di appendice dell'art. 133, diretta a consentire una riduzione del minimo edittale della pena qualora questo minimo si riveli sproporzionato rispetto alla gravità del fatto e alla personalità del colpevole. Tuttavia, questa impostazione rischia di rendere la norma un 'doppione' degli indici di commisurazione della pena;

b) secondo altro orientamento l'art. 62-bis avrebbe funzione autonoma e consistente nel permettere al giudice di cogliere un valore positivo del fatto, nuovo e diverso rispetto a quanto preso in considerazione dall'art. 62.

Con la precisazione che vige il **divieto della doppia valutazione**: un valore attenuante non potrà essere preso in considerazione sia come criterio di commisurazione *ex* art. 133 sia come circostanza generica *ex* art. 62-bis (nel rispetto del **principio del *ne bis in idem* sostanziale**).

Le circostanze generiche si considerano sempre come una sola circostanza e sono soggette al principio del bilanciamento *ex* art. 69 cc. 2 e 3.

## 6.5. L'applicazione ed il concorso di circostanze. Il principio del bilanciamento

La prima operazione che viene effettuata dal giudice è il calcolo della pena base, che si effettua sul reato in forma semplice. Occorre poi distinguere due ipotesi:

a) **concorso omogeneo**: se le circostanze sono omogenee il giudice prende la pena base e poi vi aggiunge l'aumento dovuto alla circostanza. Ottenuto il risultato, se ci sono altre circostanze aumenta (o diminuisce) ancora la pena, partendo dall'ultimo risultato così ottenuto. Ad es. se la pena base è un anno, e ci sono due aggravanti, il giudice calcolerà non un anno + quattro mesi (cioè un terzo della pena base) + quattro mesi (un altro terzo), ma: un anno + quattro mesi (un terzo della pena base) + cinque mesi e 10 giorni (un terzo della pena calcolata con l'aggiunta dell'aggravante);

b) **concorso eterogeneo**: se le circostanze sono alcune ad effetto normale e altre ad effetto speciale, l'aumento (o la diminuzione) della pena si calcola prendendo la pena base, aggiungendo la circostanza speciale e poi calcolando sulla somma così ottenuta l'aggravante o l'attenuante ordinaria.

Se ci sono **più circostanze ad effetto speciale** non si procede a tanti aumenti o diminuzioni di pena ma si applica solo la circostanza che prevede il maggiore o minore aumento di pena. Il giudice ha poi la facoltà (non l'obbligo) di procedere al massimo ad un ulteriore aumento o diminuzione.

Gli articoli dal 64 al 68 indicano poi gli aumenti (e le diminuzioni) minimi e massimi entro cui può essere effettuato il calcolo:

### Art. 64 – Aumento di pena nel caso di una sola circostanza aggravante

[1] Quando ricorre una circostanza aggravante, e l'aumento di pena non è determinato dalla legge, è aumentata fino a un terzo la pena che dovrebbe essere inflitta per il reato commesso.

[2] Nondimeno, la pena della reclusione da applicare per effetto dell'aumento non può superare gli anni trenta.

### Art. 65 – Diminuzione di pena nel caso di una sola circostanza attenuante

Quando ricorre una circostanza attenuante, e non è dalla legge determinata la diminuzione di pena, si osservano le norme seguenti:

1) alla pena di morte è sostituita la reclusione da ventiquattro a trenta anni;

2) alla pena dell'ergastolo è sostituita la reclusione da venti a ventiquattro anni;

3) le altre pene sono diminuite in misura non eccedente un terzo.

### Art. 66 – Limiti degli aumenti di pena nel caso di concorso di più circostanze aggravanti

Se concorrono più circostanze aggravanti, la pena da applicare per effetto degli aumenti non può superare il triplo del massimo stabilito dalla legge per il reato, salvo che si tratti delle

circostanze indicate nel secondo capoverso dell'articolo 63, né comunque eccedere:
1) gli anni trenta, se si tratta della reclusione;
2) gli anni cinque, se si tratta dell'arresto;
3) e, rispettivamente, euro 10.329 o euro 2.065, se si tratta della multa o dell'ammenda; ovvero, rispettivamente, euro 30.987 o euro 6.197 se il giudice si avvale della facoltà di aumento indicata nel capoverso dell'articolo 133-bis.

## Art. 67 – Limiti delle diminuzioni di pena nel caso di concorso di più circostanze attenuanti

[1] Se concorrono più circostanze attenuanti la pena da applicare per effetto delle diminuzioni non può essere inferiore:
1) a quindici anni di reclusione, se per il delitto la legge stabilisce la pena di morte; (1)
2) a dieci anni di reclusione, se per il delitto la legge stabilisce la pena dell'ergastolo.
[2] Le altre pene sono diminuite. In tal caso, quando non si tratta delle circostanze indicate nel secondo capoverso dell'articolo 63, la pena non può essere applicata in misura inferiore ad un quarto.

(1) La pena di morte per i delitti previsti dal codice penale è stata abolita dal D.Lgs.Lgt. n. 224/1944.

## Art. 68 – Limiti al concorso di circostanze

[1] Salvo quanto è disposto nell'articolo 15, quando una circostanza aggravante comprende in sé un'altra circostanza aggravante, ovvero una circostanza attenuante comprende in sé un'altra circostanza attenuante, è valutata a carico o a favore del colpevole soltanto la circostanza aggravante o la circostanza attenuante, la quale importa, rispettivamente, il maggiore aumento o la maggiore diminuzione di pena.
[2] Se le circostanze aggravanti o attenuanti importano lo stesso aumento o la stessa diminuzione di pena, si applica un solo aumento o una sola diminuzione di pena.

Qualora in un medesimo reato concorrano più circostanze aggravanti e attenuanti, si procede ad un **giudizio**

**di bilanciamento o comparazione**, nel senso che il giudice determinerà se prevarranno le une o le altre. In pratica, se prevalgano le aggravanti, la pena viene aumentata senza tenere conto delle attenuanti; se prevalgono le attenuanti accade l'inverso. Se invece il giudice ritiene che ci sia equivalenza, si applica la pena base:

### Art. 69 – Concorso di circostanze aggravanti e attenuanti

[1] Quando concorrono insieme circostanze aggravanti e circostanze attenuanti, e le prime sono dal giudice ritenute prevalenti, non si tien conto delle diminuzioni di pena stabilite per le circostanze attenuanti, e si fa luogo soltanto agli aumenti di pena stabiliti per le circostanze aggravanti.

[2] Se le circostanze attenuanti sono ritenute prevalenti sulle circostanze aggravanti, non si tien conto degli aumenti di pena stabiliti per queste ultime, e si fa luogo soltanto alle diminuzioni di pena stabilite per le circostanze attenuanti.

[3] Se fra le circostanze aggravanti e quelle attenuanti il giudice ritiene che vi sia equivalenza, si applica la pena che sarebbe inflitta se non concorresse alcuna di dette circostanze.

[4] Le disposizioni del presente articolo si applicano anche alle circostanze inerenti alla persona del colpevole, esclusi i casi previsti dall'articolo 99, quarto comma, nonché dagli articoli 111 e 112, primo comma, numero 4), per cui vi è divieto di prevalenza delle circostanze attenuanti sulle ritenute circostanze aggravanti, ed a qualsiasi altra circostanza per la quale la legge stabilisca una pena di specie diversa o determini la misura della pena in modo indipendente da quella ordinaria del reato.

Nel giudizio di bilanciamento non pesa il numero delle circostanze, ma la loro qualità, potendo quindi anche prevalere una sola attenuante su varie aggravanti e viceversa. Non avendo il legislatore fissato alcun criterio con cui il giudice dovrebbe effettuare il suddetto bilanciamento, come parametro di riferimento viene sostanzialmente utilizzato l'art. 133.

## 6.6. La recidiva

**Art. 70 – Circostanze oggettive e soggettive.**
(…)
[2] Le circostanze inerenti alla persona del colpevole riguardano la imputabilità, e la recidiva.

**Art. 99 – Recidiva (1)**
[1] Chi, dopo essere stato condannato per un delitto non colposo, ne commette un altro, può essere sottoposto ad un aumento di un terzo della pena da infliggere per il nuovo delitto non colposo.
[2] La pena può essere aumentata fino alla metà:
1) se il nuovo delitto non colposo è della stessa indole;
2) se il nuovo delitto non colposo è stato commesso nei cinque anni dalla condanna precedente;
3) se il nuovo delitto non colposo è stato commesso durante o dopo l'esecuzione della pena, ovvero durante il tempo in cui il condannato si sottrae volontariamente all'esecuzione della pena.
[3] Qualora concorrano più circostanze fra quelle indicate al secondo comma, l'aumento di pena è della metà.
[4] Se il recidivo commette un altro delitto non colposo, l'aumento della pena, nel caso di cui al primo comma, è della metà e, nei casi previsti dal secondo comma, è di due terzi.
[5] Se si tratta di uno dei delitti indicati all'articolo 407, comma 2, lettera a), del codice di procedura penale, l'aumento della pena per la recidiva è obbligatorio e, nei casi indicati al secondo comma, non può essere inferiore ad un terzo della pena da infliggere per il nuovo delitto. (2)
[6] In nessun caso l'aumento di pena per effetto della recidiva può superare il cumulo delle pene risultante dalle condanne precedenti alla commissione del nuovo delitto non colposo.

(1) Questo articolo è stato sostituito dalla L. 251/2005 (c.d. Legge *ex* Cirielli).
(2) La Corte costituzionale, con sentenza 185/2015 ha dichiarato, tra l'altro, l'illegittimità costituzionale del presente comma, limitatamente alle parole «e' obbligatorio e,».

### Art. 101 – Reati della stessa indole

Agli effetti della legge penale, sono considerati reati della stessa indole non soltanto quelli che violano una stessa disposizione di legge, ma anche quelli che, pur essendo preveduti da disposizioni diverse di questo codice ovvero da leggi diverse, nondimeno, per la natura dei fatti che li costituiscono o dei motivi che li determinarono, presentano, nei casi concreti, caratteri fondamentali comuni.

Il codice distingue tre forme di recidiva:

a) **recidiva semplice**: consiste nel fatto di commettere un reato dopo aver subìto condanna irrevocabile per un altro reato. Può importare un aumento fino a un terzo della pena da infliggere per il nuovo reato;

b) **recidiva aggravata**, che si distingue a sua volta in:
   1. **recidiva aggravata specifica**: si ha quando il nuovo reato è della stessa indole del precedente;
   2. **recidiva aggravata infraquinquennale**: quando è stato commesso nei cinque anni dalla condanna precedente;
   3. ulteriore forma di recidiva si ha quando il reato è stato commesso durante o dopo l'esecuzione della pena, o durante il tempo in cui il condannato si è sottratto volontariamente all'esecuzione della pena.

I reati, per considerarsi omogenei, debbono essere manifestazioni di un medesimo impulso delittuoso, cioè debbono rilevare una identica tendenza criminale.

La recidiva aggravata può importare un aumento della pena da infliggere fino alla metà, se concorre una sola delle tre circostanze che la determinano, fino alla metà se ne concorre più di una;

c) **recidiva reiterata**: si ha allorché il nuovo reato è commesso da chi è già recidivo. Comporta un aumento di pena della metà, ovvero di due terzi se la recidiva è specifica o infraquinquennale.

Fra gli elementi di novità introdotti dalla L. 251/2005, si segnalano l'incremento sanzionatorio e la limitazione ai soli delitti non colposi, la qual cosa comporta che vedano esclusi dal calcolo della recidiva le contravvenzioni ed i delitti colposi.

# CAPITOLO 7
# IL TENTATIVO

## 7.1. Consumazione e tentativo

### Art. 56 – Delitto tentato

[1] Chi compie atti idonei, diretti in modo non equivoco a commettere un delitto, risponde di delitto tentato, se l'azione non si compie o l'evento non si verifica.

[2] Il colpevole di delitto tentato è punito; con la reclusione non inferiore a dodici anni, se la pena stabilita è l'ergastolo; e, negli altri casi con la pena stabilita per il delitto, diminuita da un terzo a due terzi.

[3] Se il colpevole volontariamente desiste dall'azione, soggiace soltanto alla pena per gli atti compiuti, qualora questi costituiscano per sé un reato diverso.

[4] Se volontariamente impedisce l'evento, soggiace alla pena stabilita per il delitto tentato, diminuita da un terzo alla metà.

La consumazione indica la compiuta realizzazione di tutti gli elementi costitutivi di una fattispecie criminosa:

a) nei **reati di mera condotta** la consumazione coinciderà con la computa realizzazione della condotta vietata (<u>ad es.</u> un'evasione si riterrà consumata quando il soggetto si allontani dal luogo in cui era recluso);

b) nei **reati di evento** la consumazione presuppone, oltre al compimento dell'azione, anche la produzione dell'evento (<u>ad es.</u> nel caso dell'omicidio si avrà quando si verifica la morte di un uomo).

Ricorre la figura del delitto tentato o tentativo nei casi in cui l'agente non riesce a portare a compimento il delitto programmato, ma gli atti parzialmente realizzati sono tali da esteriorizzare l'intenzione criminosa.

Il tentativo però non è una sottospecie del delitto consumato. È una figura di reato autonoma e perfetta, perché presenta tutti gli elementi necessari per l'esistenza del reato: fatto tipico, antigiuridicità, colpevolezza. La figura è stata codificata nella parte generale solo per evitare che per ogni figura il legislatore dovesse disciplinare due distinte fattispecie, una per il reato tentato e una per quello consumato.

Il **tentativo** è considerato, secondo l'opinione tradizionale, un reato di pericolo o, meglio, un reato di pericolo astratto: il soggetto viene punito non perché ha realizzato un'offesa al bene giuridico, ma perché ha messo in pericolo il detto bene. Il legislatore cioè anticipa la punibilità del fatto di reato ad un momento anteriore rispetto a quello dell'offesa effettiva.

Riguardo al fondamento della punibilità, si distinguono diversi orientamenti, tra i quali si segnalano:

a) **teorie soggettive**: sostiene che il fondamento della punibilità del tentativo vada cercato nella pericolosità criminale del soggetto;

b) **teoria oggettiva**: secondo quello che è l'orientamento prevalente, la punibilità del tentativo è fondata sulla lesione o messa in pericolo del bene protetto. Il soggetto cioè viene punito perché ha messo concretamente in pericolo il bene giuridico protetto dalla norma.

## 7.2. Gli elementi costitutivi del delitto tentato

Risponde di delitto tentato chi compie atti idonei, diretti in modo non equivoco a commettere un delitto:

a) **idoneità degli atti**: idoneo è un atto che può considerarsi capace di raggiungere il risultato ed è oggettivamente pericoloso. L'idoneità è riferita all'atto e non al mezzo: un atto può essere idoneo anche se il mezzo non lo è. L'opinione maggioritaria sostiene che il giudizio vada effettuato *ex ante* e in concreto (cioè ci si deve porre nella stessa ottica di colui che ha compiuto l'atto, prima che l'atto stesso fosse compiuto); criterio detto anche della **prognosi postuma**. Notevoli diversità di vedute sussistono, invece, circa il grado o livello di idoneità necessario ai fini della configurazione del tentativo punibile, che può essere basato su un giudizio di:
   1. mera **possibilità** che l'evento si verifichi;
   2. **ragionevole possibilità** di raggiungere il risultato;
   3. **verosimiglianza** della capacità dell'atto rispetto allo scopo criminoso;
   4. **probabilità** di verificazione del reato.
b) **univocità degli atti**, relativamente ai quali si riscontrano due orientamenti:
   1. **teoria oggettiva**: gli atti sono considerati inequivoci quando, in sé considerati, sono oggettivamente tali da provocare quel determinato evento;
   2. **teoria soggettiva**: l'univocità degli atti indicherebbe l'esigenza che, in sede processuale, sia raggiunta la prova del proposito criminoso.


## 7.3. L'elemento soggettivo

Il reato tentato è punibile solo a titolo di dolo e non di colpa. Questione da risolvere è se nel tentativo sia ammissibile il dolo eventuale. <u>Ad es.</u> Tizio dà fuoco ad una palazzina prevedendo e accettando il rischio che vi dorma qualcuno e che possa morite nell'incendio: potrà anche rispondere – oltre che di incendio – di tentato omicidio con dolo eventuale?

Come ha affermato anche la GIURISPRUDENZA, il dolo eventuale implica il dubbio, e il requisito della non equivocità è incompatibile con tale stato; quanto alla condotta del reo, questa deve essere diretta ad uno scopo preciso e non basta la mera accettazione di un rischio. Pertanto, tornando all'esempio, incendiare una palazzina non è un atto non equivoco diretto ad uccidere: l'incendiario potrà rispondere a titolo di tentativo di omicidio solo se sapeva con certezza che dentro la casa dormiva qualcuno (e costui si sia ovviamente salvato), ma non se aveva il semplice dubbio che qualcuno potesse dormirci.

Quanto ad altre tipologie delittuose:

a) **contravvenzioni**: il tentativo non è ammissibile;
b) **delitti colposi**: non è ammissibile nei delitti colposi. Consistendo la colpa nella involontarietà dell'evento essa non può coesistere con un fatto non realizzato;
c) **reati preterintenzionali**: non è ammissibile dal momento che l'evento non è voluto;
d) **reati omissivi**: l'ammissibilità del tentativo è dubbia. Nei reati omissivi impropri certamente è ipotizzabile tanto il tentativo quanto la desistenza (ad es. la madre che cerca di far morire il proprio bambino non allattandolo).

Discusso è infine l'ambito di applicabilità delle **circostanze** al tentativo. Secondo un orientamento, le uniche circostanze compatibili col tentativo sono quelle che si realizzano compiutamente nello stesso contesto dell'azione tentata (ad es., nei reati contro il patrimonio, l'aggravante di aver cagionato un danno di rilevante entità non si applica a meno che il danno di rilevante entità non sia effettivamente realizzato).

## 7.4. Desistenza e recesso attivo

> [3] Se il colpevole volontariamente desiste dall'azione, soggiace soltanto alla pena per gli atti compiuti, qualora questi costituiscano per sé un reato diverso.
> [4] Se volontariamente impedisce l'evento, soggiace alla pena stabilita per il delitto tentato, diminuita da un terzo alla metà.

In alcuni casi ad impedire la consumazione del reato non è un ostacolo realizzativo o comunque esterno, ma l'iniziativa dello stesso agente, il quale recede dall'azione criminosa. L'art. 56 disciplina appunto, ai commi 3 e 4, queste ipotesi e le due figure vengono tradizionalmente distinte in base ad un criterio *ex post* che fa leva sull'esaurimento o no dell'azione esecutiva:

a) si ha **desistenza volontaria** (art. 56 c. 3) finché l'agente recede da un'azione che non ha ancora completato il suo iter esecutivo (<u>ad es.</u> il ladro che interrompe l'azione prima di impossessarsi dei beni);

b) si ha **recesso attivo** (art. 56 c. 4) in tutti i casi in cui l'azione criminosa si è compiutamente realizzata ma l'agente riesce ad impedire il verificarsi dell'evento lesivo (<u>ad es.</u> il ladro si impossessa di alcuni beni, che però riporta poco dopo sul luogo dove li ha sottratti).

Per essere efficaci, sia la desistenza sia il pentimento operoso devono verificarsi 'volontariamente'. Secondo un orientamento pressoché unanime di DOTTRINA e GIURISPRUDENZA, l'accertamento di questo requisito prescinde da un giudizio di meritevolezza dei motivi che inducono l'agente a mutare proposito: è solo necessario che la scelta non sia imposta da circostanze esterne (<u>ad es.</u> la resistenza della vittima) che hanno obiettivamente impedito la consumazione del delitto.

# CAPITOLO 8
# IL CONCORSO

## 8.1. Il concorso di reati



Si ha concorso di reati quando uno stesso soggetto ha violato più volte la legge penale e, perciò, deve rispondere di più reati. Non si tratta di un istituto giuridico autonomo quanto piuttosto del nome tecnico dato alla attribuzione di più reati ad uno stesso soggetto.

Aspetto problematico è quello sanzionatorio, rispetto al quale tre sono i criteri astrattamente possibili:

a) **cumulo materiale**: si applicano tante pene quanti sono i reati commessi (*tot crimina tot poenae*);

b) **cumulo giuridico**: si applica la pena del reato più grave, aumentata proporzionalmente alla gravità delle pene concorrenti ma in modo complessivamente inferiore al loro cumulo materiale;

c) **assorbimento**: si applica soltanto la pena del reato più grave, intendendosi in questa assorbite le pene minori.

Il nostro sistema distingue tra:

a) **concorso materiale** (o reale): si ha quando il soggetto ha posto in essere più reati con più azioni od omissioni. Il codice Rocco ha adottato come principio-base il cumulo materiale delle pene, apportandovi però dei temperamenti consistenti anzitutto nel fissare dei limiti insuperabili di pena (artt. 71 ss.) – c.d. **cumulo materiale temperato**;

b) **concorso formale**: si ha quando il soggetto ha posto in essere più reati con una sola azione od omissione. L'art. 81 c. (come modificato nel 1974) ha introdotto, per queste ipotesi, il cumulo giuridico delle pene: il soggetto è punito con la pena che dovrebbe infliggersi per la violazione più grave aumentata fino al triplo, ma la pena non può essere superiore a quella che sarebbe applicabile a norma degli articoli precedenti. Il concorso formale è stato dunque equiparato al reato continuato nel regime sanzionatorio, al quale si rinvia.

Il concorso di reato (sia materiale che formale) può poi essere:

1. **omogeneo**: se è stata violata più volte la stessa norma penale (ad es. si commettono più furti);
2. **eterogeneo**: se sono state violate norme diverse (ad es. si commette furto e ricettazione).

Tuttavia, occorre chiarire quando si è in presenza di un'**unica azione**. Al fine di individuare il criterio-guida della distinzione tra unità e pluralità di azione, da tempo si fa ricorso ad un approccio di tipo normativo-sociale, sostanzialmente basato sul senso comune, richiedendo un duplice requisito:

a) contestualità degli atti;
b) unicità del fine.

In altri termini, più azioni in senso naturalistico si ricompongono in un'azione giuridicamente unitaria se unico è lo scopo che le sorregge e se si susseguono nel tempo senza apprezzabile interruzione.

## 8.1.1. Il reato continuato

### Art. 81 – Concorso formale. Reato continuato

[1] È punito con la pena che dovrebbe infliggersi per la violazione più grave aumentata sino al triplo chi con una sola azione od omissione viola diverse disposizioni di legge ovvero commette più violazioni della medesima disposizione di legge.

[2] Alla stessa pena soggiace chi con più azioni od omissioni, esecutive di un medesimo disegno criminoso, commette anche in tempi diversi più violazioni della stessa o di diverse disposizioni di legge.

[3] Nei casi preveduti da quest'articolo, la pena non può essere superiore a quella che sarebbe applicabile a norma degli articoli precedenti.

[4] Fermi restando i limiti indicati al terzo comma, se i reati in concorso formale o in continuazione con quello più grave sono commessi da soggetti ai quali sia stata applicata la recidiva prevista dall'articolo 99, quarto comma, l'aumento della quantità di pena non può essere comunque inferiore ad un terzo della pena stabilita per il reato più grave.

L'istituto del reato continuato rappresenta una particolare figura di concorso materiale, disciplinata in maniera autonoma in ragione del fatto che la pluralità dei reati commessi dalla stessa persona appare frutto del medesimo disegno criminoso (con conseguente minore riprovevolezza complessiva dell'agente e trattamento penale più mite).

Gli **elementi costitutivi** del reato sono tre:

a) **pluralità di azioni od omissioni**: deve intendersi come pluralità di condotte autonome, che danno luogo ad altrettanti episodi criminosi;

b) **più violazioni di legge**: la riforma del '74 ne ha

esteso l'operatività ricomprendendovi anche i casi di violazione di norme incriminatrici eterogenee;

c) il **medesimo disegno criminoso**: i diversi reati devono porsi in un rapporto di interdipendenza funzionale rispetto al conseguimento di un unico fine, e tale interdipendenza deve a sua volta oggettivarsi in una trama di segni esteriormente riconoscibili.

Pertanto, a ben guardare, a seguito della riforma del '74 oggi l'unico elemento realmente caratterizzante l'istituto (e teso a distinguerlo dai casi di concorso materiale di reati) rimane l'**unità del disegno criminoso**: quanto più si estende la nozione di disegno criminoso, tanto più si restringono i confini del concorso materiale di reati (e viceversa).

Quanto al **regime sanzionatorio**, l'art. 81 c. 2 stabilisce che al reato continuato si applica la pena che dovrebbe infliggersi per il reato più grave, aumentata fino al triplo: è lo stesso regime sanzionatorio (secondo il regime del cumulo giuridico previsto dal c. 1) del concorso formale di reati. L'ultimo comma precisa però che la pena non può essere comunque superiore a quella che sarebbe applicabile sommando le singole pene previste per i reati in concorso.

Quanto all'**individuazione del reato più grave**, la tesi individuata dalla DOTTRINA e dalla GIURISPRUDENZA maggioritarie ravvisa la violazione più grave in quella più gravemente punibile in astratto (ad es. pena detentiva anziché pena pecuniaria e pena avente il massimo più elevato), con applicazione del cumulo giuridico anche nei casi in cui i reati commessi siano puniti con pene eterogenee.

Va infine segnalato che l'istituto della continuazione può essere applicato anche dal giudice dell'**esecuzione** (si pensi a distinte condanne subite dal medesimo soggetto, con procedimenti diversi ma relativamente ai quali si può ritenere sussistente unità di disegno criminoso):

### Art. 671 c.p.p. – Applicazione della disciplina del concorso formale e del reato continuato

1. Nel caso di più sentenze o decreti penali irrevocabili pronunciati in procedimenti distinti contro la stessa persona, il condannato o il pubblico ministero possono chiedere al giudice dell'esecuzione l'applicazione della disciplina del concorso formale o del reato continuato, sempre che la stessa non sia stata esclusa dal giudice della cognizione. Fra gli elementi che incidono sull'applicazione della disciplina del reato continuato vi è la consumazione di più reati in relazione allo stato di tossicodipendenza. 2. Il giudice dell'esecuzione provvede determinando la pena in misura non superiore alla somma di quelle inflitte con ciascuna sentenza o ciascun decreto.

2-bis. Si applicano le disposizioni di cui all'articolo 81, quarto comma, del codice penale.

3. Il giudice dell'esecuzione può concedere altresì la sospensione condizionale della pena e la non menzione della condanna nel certificato del casellario giudiziale, quando ciò consegue al riconoscimento del concorso formale o della continuazione. Adotta infine ogni altro provvedimento conseguente.

## 8.1.2. Il reato complesso

### Art. 84 – Reato complesso

[1] Le disposizioni degli articoli precedenti non si applicano quando la legge considera come elementi costitutivi, o come circostanze aggravanti di un solo reato, fatti che costituirebbero, per se stessi, reato.

[2] Qualora la legge nella determinazione della pena per il reato complesso, si riferisca alle pene stabilite per i singoli reati che lo costituiscono, non possono essere superati i limiti massimi indicati

negli articoli 78 e 79

L'art. 84 disciplina il reato complesso che consiste in una unificazione legislativa sotto forma di identico reato di due o più figure criminose, i cui rispettivi elementi costitutivi sono tutti compresi nella figura risultante dall'unificazione: si pensi <u>ad es.</u> al delitto di rapina (art. 628) che ricomprende in sé i reati (e i rispettivi elementi costitutivi) di furto (art. 624) e violenza privata (art. 610).

La funzione della norma di cui all'art. 84 è solo quella di evitare che l'interprete sia indotto ad applicare il regime del concorso di reati.

## 8.2. Il concorso apparente di norme

In alcuni casi, il confluire di più norme incriminatrici nei confronti di un medesimo fatto non è reale ma soltanto apparente: così, anziché configurarsi un concorso di reati, si ha unicità di reato (essendo una sola la norma incriminatrice applicabile).

Si parla, in questi casi, di concorso o conflitto apparente di norme, i cui presupposti sono:

a) l'**esistenza di una medesima situazione di fatto**;

b) la **convergenza di una pluralità di norme**.

Tre invece i criteri elaborati per identificare i casi di concorso apparente di norme:

a) **specialità**: è l'unico di previsione legislativa (art. 15). La norma espressamente dispone che, quando più leggi penali o più disposizioni della medesima legge penale regolano la stessa materia, la legge o la disposizione di legge speciale deroga alla legge o alla disposizione di legge generale, salvo che sia altrimenti stabilito. Il principio di specialità presuppone che tra due norme esista un **rapporto da genere a specie** e comporta in tal caso la priorità della norma speciale su quella generale. Per 'speciale' si intende quella norma che contiene tutti gli elementi compresi nella fattispecie generale, più ulteriori elementi specifici: tra le due norme deve esistere un rapporto tale che, se mancasse la norma speciale, la fattispecie sarebbe ricompresa nella norma generale. Quanto, invece, al concetto di **"stessa materia"**, secondo la tesi assolutamente prevalente in DOTTRINA ed in GIURISPRUDENZA deve intendersi che il fatto astrattamente previsto dalla norma deve essere riconducibile a due diverse fattispecie giuridiche. Si ha riguardo, quindi, al fatto astrattamente inteso, così come la norma giuridica lo considera. Ricorre, così, il concorso di norme e non quello di reati quando le due norme che si prendono in considerazione, astrattamente, sono come due cerchi concentrici, di cui uno contiene l'altro, e una abbia, inoltre, un settore residuo destinato ad accogliere i requisiti aggiuntivi della specialità;

b) **sussidiarietà**: intercorrerebbe tra norme che prevedono stadi o gradi diversi di offesa di un medesimo bene, in modo tale che l'offesa maggiore assorbe la minore e, conseguentemente, l'applicabilità di una norma è subordinata alla non applicazione dell'altra;

c) **assorbimento** (o consunzione): è invocabile per escludere il concorso di reati in tutte le ipotesi nelle quali la realizzazione di un reato comporta, secondo l'*id quod plerumque accidit*, la commissione di un secondo reato il quale perciò finisce con l'apparire assorbito dal primo. In sostanza, il fatto appare identico pur in presenza di azioni diverse dal punto di vista naturalistico, purché però espressive di un disvalore penale omogeneo (avvertito come tale dalla coscienza sociale) – si pensi ad es. al furto accompagnato dal danneggiamento della cosa sottratta.

## 8.3. Il concorso di persone

### Art. 110 – Pena per coloro che concorrono nel reato

Quando più persone concorrono nel medesimo reato, ciascuna di esse soggiace alla pena per questo stabilita, salve le disposizioni degli articoli seguenti.

Questo istituto disciplina i casi nei quali più persone concorrono alla realizzazione di un medesimo reato. Va preliminarmente fatta distinzione tra:

a) **concorso necessario**: ricorre quando è la stessa fattispecie incriminatrice di parte speciale a richiedere la presenza di più soggetti per l'integrazione del reato (ad es. il reato di rissa *ex* art. 588);

b) **concorso eventuale**: identifica gli altri casi di compartecipazione (appunto, meramente eventuale).

Va poi, sempre preliminarmente, tenuto distinto dalla diversa figura criminosa della associazione a delinquere (art. 416) che presuppone un vincolo stabile tra i più soggetti coinvolti e un programma criminoso. Il concorso di persone nel reato, invece, determina un vincolo solo 'occasionale' tra più persone, circoscritto alla realizzazione di uno o più reati determinati.

L'art. 110 non opera distinzioni tra diversi 'ruoli' di concorrente: concorre dunque a pari titolo chi apporta un contributo qualsiasi, purché dotato di rilevanza causale nell'ambito della realizzazione collettiva del fatto. Tuttavia, l'art. 114 sembra recuperare (il riferimento è alla disciplina antecedente al codice Rocco) la distinzione tra partecipi 'primari' e 'secondari':

> **Art. 114 – Circostanze attenuanti**
> [1] Il giudice, qualora ritenga che l'opera prestata da talune delle persone che sono concorse nel reato a norma degli articoli 110 e 113 abbia avuto minima importanza nella preparazione o nell'esecuzione del reato, può diminuire la pena. (…)

## 8.3.1. I requisiti strutturali del concorso di persone

I requisiti strutturali del concorso di persone sono quattro:

a) la **pluralità di agenti**: il reato deve essere commesso da più soggetti (almeno due). La pluralità sussiste anche se taluno sia incapace di intendere o di volere o agisca senza volontà colpevole;

b) la **realizzazione della fattispecie oggettiva di un reato**: non importa quale ruolo rivesta ciascun partecipe nell'esecuzione del fatto (ad es. ciascuno dei soggetti può porre in essere anche solo una frazione del fatto tipico). Nel caso di mancata consumazione, potrà essere valutato il concorso di persone in **delitto tentato**, che in qualche modo rappresenta l'esigenza minima per poter parlare di 'concorso', in quanto (*ex* art. 115) nessuno è punibile:

1. per il semplice fatto di essersi accordato con altri qualora all'accordo non segua la messa in atto del fatto programmato;

2. per il semplice fatto di avere istigato altro soggetto, qualora poi il reato non sia stato commesso;

Si tratta, tuttavia, di elementi (l'accordo e l'istigazione) indici di pericolosità sociale e, come tali, possono consentire al giudice la facoltà di applicare la misura di sicurezza della libertà vigilata;

c) il **contributo di ciascun concorrente alla realizzazione del reato comune**, in merito al quale tradizionalmente si distingue tra:

1. **concorso materiale**, che può essere prestato assumendo diversi ruoli:

    - **autore**: viene identificato con colui il quale compie gli atti esecutivi del reato (ad es. colui che, nell'omicidio, spara alla vittima);

    - **complice**: rappresenta quel compartecipe che si limita ad apportare un qualsiasi aiuto materiale nella preparazione o nella esecuzione del reato (ad es. il c.d. palo durante una rapina). Diverse le teorie proposte per individuare i coefficienti minimi che ne giustificano l'incriminazione:

        a. **concezione causale**: l'azione del compartecipe deve costituire condicio sine qua non del fatto punibile (e, dunque, dell'azione per i reati di mera condotta o dell'evento per quelli causalmente orientati);

        b. **teoria della causalità c.d. agevolatrice**: è ritenuto penalmente rilevante non solo l'ausilio necessario (che non può essere mentalmente eliminato senza che il reato venga meno) ma anche quello che si limita ad agevolare o facilitare il conseguimento dell'obiettivo finale;

        c. **teoria della prognosi o dell'aumento del rischio**: basta che l'azione del partecipe appaia *ex ante* idonea a facilitare la commissione del reato, accrescendone le probabilità di verificazione;

2. **concorso morale** (o psicologico): il contributo del partecipe può manifestarsi sotto forma di impulso psicologico ad un reato materialmente commesso da altri. In queste ipotesi si distingue tra:

   i. **determinatore**: è il compartecipe che fa sorgere in altri (autore) un proposito criminoso prima inesistente;

   ii. **istigatore**: è colui il quale si limita a rafforzare in altri un proposito criminoso già esistente. Forma particolare di istigazione è quella realizzata dal c.d. **agente provocatore**, cioè colui il quale (prevalentemente appartenenti alle forze di polizia) provoca un delitto al fine di assicurare il colpevole alla giustizia: egli non può essere pulito per mancanza di dolo;

d) l'**elemento soggettivo**: è costituito dalla coscienza e volontà del fatto criminoso (che corrisponde al dolo del reato monosoggettivo) e da un *quid pluris* rappresentato dalla volontà di concorrere con altri alla realizzazione di un reato. Controversa è l'ammissibilità di una partecipazione dolosa a delitto colposo e di una partecipazione colposa a delitto doloso.

## 8.3.2. Le circostanze aggravanti nel concorso di persone

Il legislatore ha previsto apposite circostanze aggravanti (la cui applicazione è obbligatoria) e attenuanti (con applicazione facoltativa), introdotte allo scopo di graduare la pena in funzione dell'effettivo contributo di ciascun soggetto alla realizzazione comune.

Quanto alle **circostanze aggravanti** l'art. 112 così prevede:

### Art. 112 – Circostanze aggravanti

[1] La pena da infliggere per il reato commesso è aumentata:

1) se il numero delle persone, che sono concorse nel reato, è di cinque o più salvo che la legge disponga altrimenti;

La *ratio* di questa previsione è ravvisata nel maggiore allarme sociale e nella maggiore capacità a delinquere dimostrata da concorrenti che agiscono in gruppi di cinque o più membri (indipendentemente da colpevolezza, imputabilità o punibilità dei singoli).

2) per chi, anche fuori dei casi preveduti dai due numeri seguenti, ha promosso od organizzato la cooperazione nel reato, ovvero diretto l'attività delle persone che sono concorse nel reato medesimo;

Qui il legislatore ha voluto stigmatizzare e colpire la condotta di chi assume una posizione di preminenza, distinguendo (la GIURISPRUDENZA) tra:

a) **promotore**: è colui che ha ideato l'impresa criminosa prendendo l'iniziativa;

b) **organizzatore**: è colui che predispone il progetto esecutivo (scegliendo mezzi e persone);

c) **direttore**: è chi, in via residuale, assume una funzione di guida.

3) per chi nell'esercizio della sua autorità, direzione o vigilanza ha determinato a commettere il reato persone ad esso soggette;

Secondo l'orientamento prevalente, non è sufficiente che si insaturi una forma qualsiasi di soggezione psicologica ma è necessario che il soggetto abbia realizzato una vera e propria coazione psicologica sul soggetto sottoposto.

> 4) per chi, fuori del caso preveduto dall'articolo 111, ha determinato a commettere il reato un minore di anni 18 o una persona in stato di infermità o di deficienza psichica, ovvero si è comunque avvalso degli stessi o con gli stessi ha partecipato nella commissione di un delitto per il quale è previsto l'arresto in flagranza.

Si ritiene applicabile anche in presenza di una ipoevoluzione psichica o decadimento intellettuale che renda il soggetto facile preda della suggestione altrui.

> [2] La pena è aumentata fino alla metà per chi si è avvalso di persona non imputabile o non punibile, a cagione di una condizione o qualità personale, o con la stessa ha partecipato nella commissione di un delitto per il quale è previsto l'arresto in flagranza.

> [3] Se chi ha determinato altri a commettere il reato o si è avvalso di altri o con questi ha partecipato nella commissione del delitto ne è il genitore esercente la responsabilità genitoriale, nel caso previsto dal numero 4 del primo comma la pena è aumentata fino alla metà e in quello previsto dal secondo comma la pena è aumentata fino a due terzi.

Si tratta di previsioni introdotte per fronteggiare l'uso, da parte della criminalità, di soggetti non imputabili.

> [4] Gli aggravamenti di pena stabiliti nei numeri 1, 2 e 3 di questo articolo si applicano anche se taluno dei partecipi al fatto non è imputabile o non è punibile.

### 8.3.3. Le circostanze attenuanti. La responsabilità del partecipe per il reato diverso da quello voluto. Il mutamento del titolo del reato per taluno dei concorrenti

L'applicazione delle **circostanze attenuanti** è facoltativa. Sono previste e disciplinate dall'art. 114:

**Art. 114 – Circostanze attenuanti**
[1] Il giudice, qualora ritenga che l'opera prestata da talune delle persone che sono concorse nel reato a norma degli articoli 110 e 113 abbia avuto minima importanza nella preparazione o nell'esecuzione del reato, può diminuire la pena.
[2] Tale disposizione non si applica nei casi indicati nell'articolo 112.
[3] La pena può altresì essere diminuita per chi è stato determinato a commettere il reato o a cooperare nel reato, quando concorrono, le condizioni stabilite nei numeri 3 e 4 del primo comma e nel terzo comma dell'articolo 112.

In base al primo comma, in particolare, il giudice può diminuire la pena qualora ritenga che l'opera prestata da uno dei concorrenti abbia avuto minima importanza nella preparazione o nell'esecuzione del reato. La "minima importanza" ricorre soltanto quando l'azione del correo può essere facilmente sostituita con l'azione di altre persone, ovvero con una diversa distribuzione dei compiti; tale aspetto, tuttavia, la rende di scarsa applicazione pratica (laddove si può riflettere sul suo riconoscimento, molto probabilmente sarà discutibile la partecipazione stessa del soggetto al reato).

Una diversa ipotesi è invece rappresentata dalla **responsabilità del partecipe per il reato diverso da quello voluto** di cui all'art. 116:

**Art. 116 – Reato diverso da quello voluto da taluno dei concorrenti**
[1] Qualora il reato commesso sia diverso da quello voluto da taluno dei concorrenti, anche

> questi ne risponde, se l'evento è conseguenza
> della sua azione od omissione.
> [2] Se il reato commesso è più grave di quello vo-
> luto, la pena è diminuita riguardo a chi volle il
> reato meno grave.

Qualora il reato commesso sia diverso da quello voluto da taluno dei concorrenti, anche questi ne risponde se l'evento è conseguenza della sua azione od omissione, ma se il reato commesso è più grave di quello voluto la pena è diminuita riguardo a colui che volle il reato meno grave (ad es. Tizio e Caio si accordano per commettere un furto in un'abitazione, ma poi viene realizzata una rapina con sequestro di persona).

La norma, attribuendo al concorrente la responsabilità per un evento diverso non voluto, configura un'ipotesi di responsabilità oggettiva. Tuttavia, secondo un'interpretazione correttiva dell'impostazione codicistica, essa ha perso i connotati oggettivo-causali venendo ad orientarsi secondo il modello dell'imputazione colposa (è cioè necessaria una prevedibilità in concreto dell'esito deviante, pur senza richiedere la prova della violazione del dovere obiettivo di diligenza).

Infine, l'art. 117 disciplina l'ulteriore ipotesi del **mutamento del titolo del reato per taluno dei concorrenti**:

### Art. 117 – Mutamento del titolo del reato per taluno dei concorrenti

Se, per le condizioni o le qualità personali del colpevole, o per i rapporti fra il colpevole e l'offeso, muta il titolo del reato per taluno di coloro che vi sono concorsi anche gli altri rispondono dello stesso reato. Nondimeno, se questo è più grave il giudice può, rispetto a coloro per i quali non sussistano le condizioni, le qualità o i rapporti predetti, diminuire la pena.

La norma prevede un'ipotesi analoga a quella contemplata nell'art. 116 (reato diverso da quello voluto da taluno dei concorrenti) con la differenza che, nel caso dell'art. 117, il mutamento del titolo del reato dipende non già dalla realizzazione di un fatto diverso da quello programmato ma dalla particolare posizione soggettiva di taluno dei concorrenti. Essa, come la norma precedente, introduce una deroga ai principi generali in tema di imputazione dolosa secondo i quali la responsabilità dell'*extraneus* per il reato proprio presuppone un'effettiva conoscenza dell'altrui qualifica soggettiva, laddove l'art. 117 consente di ritenere responsabile per il reato proprio anche il concorrente ignaro della qualifica soggettiva dell'*intraneus*. Si pensi al caso del reato di peculato (art. 314), che può essere commesso solo dal pubblico ufficiale o dall'incaricato di pubblico servizio ma che, se viene realizzato da un qualunque cittadino, consente di identificare il delitto come furto (art. 624): solo in queste ipotesi, infatti, la qualifica soggettiva di taluno dei concorrenti può generare un mutamento del titolo del reato (che, da comune, diviene proprio). Pertanto, nel caso di reati propri esclusivi (ad es. incesto) non può parlarsi di "mutamento del titolo del reato" (si pensi al caso in cui i soggetti che si congiungono si scopre non essere legati da alcun vincolo) e, dunque, non trova applicazione la norma in esame ma i principi generali in materia di responsabilità penale (e, nel caso appena fatto, non vi sarebbe rilevanza penale).

### 8.3.4. La comunicazione delle circostanze e delle circostanze di esclusione della pena

**Art. 118 – Valutazione delle circostanze aggravanti o attenuanti**

Le circostanze che aggravano o diminuiscono le pene concernenti i motivi a delinquere, l'intensità del dolo, il grado della colpa e le circostanze inerenti alla persona del colpevole, sono valutate soltanto riguardo alla persona a cui si riferiscono.

L'art. 118 pone la regola della inestensibilità agli altri compartecipi delle circostanze (sia aggravanti che attenuanti) che fanno riferimento ai motivi a delinquere, all'intensità del dolo, al grado della colpa e alla persona del colpevole.

Per le altre circostanze, in base all'art. 59 vale la regola della persistente rilevanza oggettiva delle (altre) **circostanze attenuanti** e, dunque, della conseguente loro estensibilità a tutti i compartecipi.

Quanto alle (altre) **circostanze aggravanti**, sempre *ex* art. 59 esse possono essere applicate soltanto in quanto conosciute o conoscibili dal reo.

L'art. 119 disciplina, infine, la valutazione delle **circostanze di esclusione della pena**.

Le **circostanze soggettive** di esclusione della pena non si comunicano ma si applicano soltanto ai correi cui personalmente si riferiscono (ad es. la circostanza che ad un furto partecipi il figlio della vittima non varrà a scagionare gli altri partecipi *ex* art. 649 n. 2):

> [1] Le circostanze soggettive le quali escludono la pena per taluno di coloro che sono concorsi nel reato hanno effetto soltanto riguardo alla persona a cui si riferiscono.

Si estendono invece a tutti i concorrenti le **circostanze oggettive** di esclusione della pena (ad es. Tizio, difendendosi da un'aggressione ingiusta, ferisce l'aggressore grazie ad un coltello fornitogli da Caio – la situazione scriminerà sia Tizio che Caio):

> [2] Le circostanze oggettive che escludono la pena hanno effetto per tutti coloro che sono concorsi nel reato.

# PARTE QUARTA
# LE CONSEGUENZE DEL REATO

# CAPITOLO 9
# PENE, MISURE DI SICUREZZA E MISURE DI PREVENZIONE

## 9.1. La pena dal codice Rocco alla Costituzione

Il codice Rocco introduce nel 1930 il sistema del c.d. doppio binario, per il quale si prevede, accanto e in aggiunta alla pena tradizionale inflitta sul presupposto della colpevolezza, una misura di sicurezza – vale a dire una misura fondata sulla pericolosità sociale del reo e finalizzata alla risocializzazione.

Le ragioni di questa scelta politico-criminale miravano a conciliare due funzioni:

a) la **funzione di prevenzione generale**, consistente nell'impedire agli altri soggetti dell'ordinamento di commettere delitti e affidata alla pena;

b) la **funzione di prevenzione speciale**, consistente nell'impedire che il soggetto che ha commesso un delitto torni a delinquere e affidata alle misure di sicurezza.

Accanto all'idea della prevenzione, l'altro polo attorno al quale da sempre ruota il dibattito sul concetto e sulle funzioni della pena è l'idea della **retribuzione**: in estrema sintesi, la tesi che la pena serva a compensare o retribuire il male arrecato alla società con l'atto criminoso.

L'entrata in vigore della Costituzione nel 1948 muta radicalmente il contesto ed il problema relativo al fondamento e alla funzione della pena viene a collocarsi in una nuova prospettiva:

**Art. 27 Cost. –**
[1] La responsabilità penale è personale
[2] L'imputato non è considerato colpevole sino alla condanna definitiva.
[3] Le pene non possono consistere in trattamenti contrari al senso di umanità e devono tendere alla rieducazione del condannato.
[4] Non è ammessa la pena di morte.

Rivoluzionando l'impianto del codice Rocco, è stata accolta l'idea della **finalità rieducativa della pena** (c. 3): le pene devono tendere alla rieducazione del condannato. Il verbo 'tendere' è stato interpretato nel senso che la rieducazione non deve essere un obiettivo da perseguire in ogni caso, ma solo lì dove risulta evidente la sua possibilità, pratica o teorica, e solo in quei casi il giudice dovrà tenere presente tale funzione. Non può essere infatti trascurato che la pena non va irrogata solo per rieducare il soggetto, ma anche e soprattutto in relazione alla gravità del fatto commesso, il che impone di graduarla (c.d. **principio di proporzione**) in funzione della gravità oggettiva del danno e della colpevolezza del reo.

L'idea di rieducazione come 'obiettivo' allude al processo di riappropriazione, da parte del delinquente, dei valori fondamentali della convivenza; e si tratta di un obiettivo che rimane tale a prescindere dalle caratteristiche del destinatario (colletto bianco o rapinatore di strada). Ma lo 'strumento' concreto di rieducazione muterà (ad es. la rieducazione di un soggetto emarginato dalla società dovrà consistere anzitutto nel consentirgli di superare tale condizione; viceversa, per un "colletto bianco" la rieducazione potrà consistere anche in un momento afflittivo purché capace di stimolare l'assunzione di schemi comportamentali socialmente più accettabili).

In siffatto contesto costituzionalmente orientato, la pena dovrebbe assolvere alle funzioni previste appunto nella Carta costituzionale: rieducativa e specialpreventiva, oltre che retributiva.

Ma numerosi sono anche gli inviti rivolti dalla DOTTRINA al legislatore affinché puntualizzi meglio gli scopi della pena, e quindi detti direttive più precise al giudice – al cui arbitrio è concretamente affidata l'applicazione della pena.

## 9.2. Le pene principali

Il codice distingue anzitutto tra pene principali (art. 17) e pene accessorie (art. 19):

> **Art. 17 – Pene principali: specie**
> Le pene principali stabilite per i delitti sono:
> 1) la morte;
> 2) l'ergastolo;
> 3) la reclusione;
> 4) la multa.
> Le pene principali stabilite per le contravvenzioni sono:
> 1) l'arresto;
> 2) l'ammenda.

Sempre nell'ambito delle pene principali, il codice distingue anche tra pene previste per i delitti e pene previste per le contravvenzioni:

> **Art. 18 – Denominazione e classificazione delle pene principali**
> Sotto la denominazione di pene detentive o restrittive della libertà personale la legge comprende: l'ergastolo, la reclusione e l'arresto.
> Sotto la denominazione di pene pecuniarie la legge comprende: la multa e l'ammenda.

Esaminiamole singolarmente, con esclusione dell'ormai soppressa (anche nelle leggi militari di guerra) pena di morte:

> **Art. 22 – Ergastolo**
> La pena dell'ergastolo è perpetua, ed è scontata in uno degli stabilimenti a ciò destinati, con l'obbligo del lavoro e con l'isolamento notturno.

> Il condannato all'ergastolo può essere ammesso
> al lavoro all'aperto.

La natura perpetua dell'**ergastolo** è, in concreto, andata sempre più ridimensionandosi, per cui il problema della sua costituzionalità ha finito con il recedere. Infatti, a parte la possibilità del lavoro all'aperto, il condannato all'ergastolo può – se ha tenuto un comportamento tale da far ritenere sicuro il suo ravvedimento – a essere ammesso alla liberazione condizionale dopo aver scontato 26 anni di pena (art. 176 c. 3). Così come è applicabile il regime della semilibertà (col presupposto dell'espiazione di almeno 20 anni di pena) e, dopo 10 anni, sono concedibili anche permessi-premio per non più di 45 giorni all'anno.

**Art. 23 – Reclusione**
[1] La pena della reclusione si estende da quindici giorni a ventiquattro anni, ed è scontata in uno degli stabilimenti a ciò destinati, con l'obbligo del lavoro e con l'isolamento notturno.
[2] Il condannato alla reclusione, che ha scontato almeno un anno della pena, può essere ammesso al lavoro all'aperto.

La **reclusione** è la pena temporanea per i delitti. È disciplinata dalla legge sull'ordinamento penitenziario (L. 354/1975) e la sua esecuzione è oggetto di differimento in alcuni casi (_ad es._ se si tratta di donna incinta o che ha partorito da meno di sei mesi).

**Art. 25 – Arresto**
[1] La pena dell'arresto si estende da cinque giorni a tre anni, ed è scontata in uno degli stabilimenti a ciò destinati o in sezioni speciali degli stabilimenti di reclusione, con l'obbligo del lavoro e con l'isolamento notturno.
[2] Il condannato all'arresto può essere addetto a lavori anche diversi da quelli organizzati nello

stabilimento, avuto riguardo alle sue attitudini e alle sue precedenti occupazioni.

L'**arresto** è la pena detentiva temporanea per le contravvenzioni. Valgono gli stessi principi in materia di reclusione (con qualche profilo di diversità per quanto riguarda la disciplina della semilibertà).

### Art. 24 – Multa

[1] La pena della multa consiste nel pagamento allo Stato di una somma non inferiore a euro 50, né superiore a euro 50.000.

[2] Per i delitti determinati da motivi di lucro, se la legge stabilisce soltanto la pena della reclusione, il giudice può aggiungere la multa da euro 50 a euro 25.000.

La **multa** è la pena pecuniaria prevista per i delitti. La sua disciplina è contenuta anche negli articoli 133-bis e 133-ter:

### Art. 133-bis – Condizioni economiche del reo; valutazione agli effetti della pena pecuniaria

[1] Nella determinazione dell'ammontare della multa o dell'ammenda il giudice deve tener conto, oltre che dei criteri indicati dall'articolo precedente, anche delle condizioni economiche del reo.

[2] Il giudice può aumentare la multa o l'ammenda stabilite dalla legge sino al triplo o diminuirle sino ad un terzo quando, per le condizioni economiche del reo, ritenga che la misura massima sia inefficace ovvero che la misura minima sia eccessivamente gravosa.

### Art. 133-ter – Pagamento rateale della multa o dell'ammenda

[1] Il giudice, con la sentenza di condanna o con il decreto penale, può disporre, in relazione alle condizioni economiche del condannato, che la multa o l'ammenda venga pagata in rate mensili da tre a trenta. Ciascuna rata tuttavia non può essere inferiore a euro 15.

[2] In ogni momento il condannato può estinguere

la pena mediante un unico pagamento.

Le norme prevedono la possibilità di pagamento a rate (da 3 a 30, da 15 euro l'una almeno) in relazione alle condizioni economiche del condannato.

Nel caso di **insolvibilità** del condannato, la pena della multa si converte (*ex* art. 136) in una sanzione c.d. di conversione che può consistere:

a) nella **libertà controllata**: è una forte limitazione della libertà personale accompagnata da una serie di obblighi;

b) nel **lavoro sostitutivo**: è la prestazione di un'attività non retribuita a favore della collettività da effettuare presso lo Stato o altri enti e organizzazioni.

La **conversione** avviene secondo un ragguaglio fissato dall'art. 135: il computo ha luogo calcolando euro 250, o frazione di euro 250, di pena pecuniaria per un giorno di pena detentiva.

**Art. 26 – Ammenda**
La pena dell'ammenda consiste nel pagamento allo Stato di una somma non inferiore a euro 20 né superiore a euro 10.000.

L'**ammenda** è la pena pecuniaria prevista per le contravvenzioni. La sua regolamentazione ricalca quella della multa per ciò che riguarda il pagamento e la conversione.

Va infine sottolineato che il D.Lgs. 274/2000, attributivo di **competenza penale al giudice di pace**, ha disposto – per le fattispecie rimesse alla sua competenza – la sostituzione del tradizionale impianto sanzionatorio penale (fondato su pena pecuniaria e detentiva) con uno specifico sistema che prevede solo sanzioni alternative:

a) l'obbligo di **permanenza domiciliare**, da eseguirsi nei giorni di sabato e domenica (salvo diverse e comprovate esigenze del condannato), per un periodo non inferiore a 6 giorni né superiore a 45;

b) la **prestazione di lavoro di pubblica utilità** non retribuito in favore della collettività, nella provincia di residenza, con modalità e tempi non pregiudizievoli delle esigenze di lavoro, studio, famiglia e salute del condannato, per un periodo non inferiore a 10 giorni né superiore a 6 mesi.

## 9.3. Le pene accessorie

Le pene accessorie sono previste dall'art. 19 per i delitti e per le contravvenzioni:

**Art. 19 – Pene accessorie: specie**
Le pene accessorie per i **delitti** sono:
1) l'interdizione dai pubblici uffici;
2) l'interdizione da una professione o da un'arte;
3) l'interdizione legale;
4) l'interdizione dagli uffici direttivi delle persone giuridiche e delle imprese;
5) l'incapacità di contrattare con la pubblica amministrazione;
5-bis) l'estinzione del rapporto di impiego o di lavoro;
6) la decadenza o la sospensione dall'esercizio della responsabilità genitoriale.

Le pene accessorie per le **contravvenzioni** sono:
1) la sospensione dall'esercizio di una professione o di un'arte;
2) la sospensione dagli uffici direttivi delle persone giuridiche e delle imprese.
Pena accessoria comune ai delitti e alle contravvenzioni è la pubblicazione della sentenza penale di condanna.
La legge penale determina gli altri casi in cui pene accessorie stabilite per i delitti sono comuni alle contravvenzioni.

Non rappresentano un numero chiuso, essendo numerose le ipotesi di pene accessorie previste in altri settori dell'ordinamento.

Non può poi parlarsi di generale automaticità di applicazione (facendo seguito di diritto alla condanna) in quanto vi sono casi in cui l'applicazione delle pene accessorie è rimessa alla discrezionalità del giudice. In definitiva, sono semplicemente complementari rispetto ad altre sanzioni previste.

Possono infine essere perpetue o temporanee. Vediamole singolarmente.

### Art. 28 – Interdizione dai pubblici uffici

L'interdizione dai pubblici uffici è perpetua o temporanea.

L'interdizione perpetua dai pubblici uffici, salvo che dalla legge sia altrimenti disposto, priva il condannato:

1) del diritto di elettorato o di eleggibilità in qualsiasi comizio elettorale, e di ogni altro diritto politico;

2) di ogni pubblico ufficio, di ogni incarico non obbligatorio di pubblico servizio, e della qualità ad essi inerente di pubblico ufficiale o d'incaricato di pubblico servizio;

3) dell'ufficio di tutore o di curatore, anche provvisorio, e di ogni altro ufficio attinente alla tutela o alla cura;

4) dei gradi e della dignità accademiche, dei titoli, delle decorazioni o di altre pubbliche insegne onorifiche;

5) degli stipendi, delle pensioni e degli assegni che siano a carico dello Stato o di un altro ente pubblico;

6) di ogni diritto onorifico, inerente a qualunque degli uffici, servizi, gradi o titoli e delle qualità, dignità e decorazioni indicati nei numeri precedenti;

7) della capacità di assumere o di acquistare qualsiasi diritto, ufficio, servizio, qualità, grado, titolo, dignità, decorazione e insegna onorifica, indicati nei numeri precedenti.

L'interdizione temporanea priva il condannato della capacità di acquistare o di esercitare o di godere, durante l'interdizione, i predetti diritti, uffici, servizi, qualità, gradi, titoli e onorificenze.

Essa non può avere una durata inferiore a un anno, né superiore a cinque.
La legge determina i casi nei quali l'interdizione dai pubblici uffici è limitata ad alcuni di questi.

L'interdizione può essere (art. 29):

a) **perpetua**: nel caso di condanna all'ergastolo o alla reclusione per un tempo non inferiore a 5 anni, o di dichiarazione di abitualità o di professionalità nel delitto ovvero di tendenza a delinquere;

b) **temporanea** (5 anni): nel caso di condanna alla reclusione per un tempo non inferiore a 3 anni.

### Art. 30 – Interdizione da una professione o da un'arte

[1] L'interdizione da una professione o da un'arte priva il condannato della capacità di esercitare, durante l'interdizione, una professione, arte, industria, o un commercio o mestiere, per cui è richiesto uno speciale permesso o una speciale abilitazione, autorizzazione o licenza dell'autorità, e importa la decadenza dal permesso o dall'abilitazione, o licenza anzidetti.

[2] L'interdizione da una professione o da un'arte non può avere una durata inferiore a un mese, né superiore a cinque anni, salvi i casi espressamente stabiliti dalla legge.

### Art. 31 – Condanna per delitti commessi con abuso di un pubblico ufficio o di una professione o di un'arte. Interdizione

Ogni condanna per delitti commessi con l'abuso dei poteri, o con la violazione dei doveri inerenti a una pubblica funzione, o ad un pubblico servizio, o a taluno degli uffici indicati nel n. 3 dell'articolo 28, ovvero con l'abuso di una professione, arte, industria, o di un commercio o mestiere, o con la violazione dei doveri a essi inerenti, importa l'interdizione temporanea dai pubblici uffici o dalla professione, arte, industria o dal commercio o mestiere

La pena in esame non può avere durata inferiore ad un mese né superiore a 5 anni.

### Art. 32 – Interdizione legale
[1] Il condannato all'ergastolo è in stato di interdizione legale.
[2] La condanna all'ergastolo importa anche la decadenza dalla responsabilità genitoriale.
[3] Il condannato alla reclusione per un tempo non inferiore a cinque anni è, durante la pena, in stato d'interdizione legale; la condanna produce altresì, durante la pena, la sospensione dall'esercizio della potestà dei genitori, salvo che il giudice disponga altrimenti.
[4] Alla interdizione legale si applicano per ciò che concerne la disponibilità e l'amministrazione dei beni, nonché la rappresentanza negli atti ad esse relativi le norme della legge civile sull'interdizione giudiziale.

È la pena accessoria per i delitti di maggiore gravità, perché priva il soggetto della capacità di agire. Segue automaticamente la condanna alla pena dell'ergastolo e alla reclusione per un tempo non inferiore a 5 anni.

La condanna produce altresì, durante l'espiazione della pena, la sospensione della potestà genitoriale, salvo diversa disposizione del giudice.

### Art. 32-bis – Interdizione temporanea dagli uffici direttivi delle persone giuridiche e delle imprese
[1] L'interdizione dagli uffici direttivi delle persone giuridiche e delle imprese priva il condannato della capacità di esercitare, durante l'interdizione, l'ufficio di amministratore, sindaco, liquidatore, direttore generale e dirigente preposto alla redazione dei documenti contabili societari, nonché ogni altro ufficio con potere di rappresentanza della persona giuridica o dell'imprenditore.
[2] Essa consegue ad ogni condanna alla reclusione non inferiore a sei mesi per delitti commessi

con abuso dei poteri o violazione dei doveri inerenti all'ufficio.

### Art. 32-ter – Incapacità di contrattare con la pubblica amministrazione.

L'incapacità di contrattare con la pubblica amministrazione importa il divieto di concludere contratti con la pubblica amministrazione, salvo che per ottenere le prestazioni di un pubblico servizio. Essa non può avere durata inferiore ad un anno né superiore a cinque anni.

### Art. 32-quater – Casi nei quali alla condanna consegue l'incapacità di contrattare con la pubblica amministrazione.

Ogni condanna per i delitti previsti dagli articoli 314, primo comma, 316-bis, 316-ter, 317, 318, 319, 319-bis, 319-ter, 319-quater, 320, 321, 322, 322-bis, 346-bis, 353, 355, 356, 416, 416-bis, 437, 452-bis, 452-quater, 452-sexies, 452-septies, 452-quaterdecies, 501, 501-bis, 640, secondo comma, numero 1, 640-bis e 644, commessi in danno o a vantaggio di un'attività imprenditoriale o comunque in relazione ad essa, importa l'incapacità di contrattare con la pubblica amministrazione.

Le norme sopra riportate sono state previste per irrobustire la risposta sanzionatoria nei confronti di alcune forme di criminalità tipiche dei c.d. colletti bianchi, e cioè nei confronti di reati strettamente collegati con l'esercizio di un'attività imprenditoriale.

### Art. 32-quinquies – Casi nei quali alla condanna consegue l'estinzione del rapporto di lavoro o di impiego

Salvo quanto previsto dagli articoli 29 e 31, la condanna alla reclusione per un tempo non inferiore a due anni per i delitti di cui agli articoli 314, primo comma, 317, 318, 319, 319-ter, 319-quater, primo comma, e 320 importa altresì l'estinzione del rapporto di lavoro o di impiego nei confronti del dipendente di amministrazioni od enti pubblici ovvero di enti a prevalente partecipazione pubblica.

La disposizione di cui all'art. 32-quinquies mira invece a sanzionare più efficacemente i casi di dipendenti pubblici condannati definitivamente per alcuni reati contro la pubblica amministrazione, comportando l'estinzione automatica del rapporto di lavoro.

> **Art. 34 – Decadenza dalla responsabilità genitoriale e sospensione dall'esercizio di essa.**
> [1] La legge determina i casi nei quali la condanna importa la decadenza dalla responsabilità genitoriale.
> [2] La condanna per delitti commessi con abuso della responsabilità genitoriale importa la sospensione dall'esercizio di essa per un periodo di tempo pari al doppio della pena inflitta.
> [3] La decadenza dalla responsabilità genitoriale importa anche la privazione di ogni diritto che al genitore spetti sui beni del figlio in forza della responsabilità genitoriale di cui al titolo IX del libro I del codice civile.
> [4] La sospensione dall'esercizio della responsabilità genitoriale importa anche l'incapacità di esercitare, durante la sospensione, qualsiasi diritto che al genitore spetti sui beni del figlio, in base alle norme del titolo IX del libro I del codice civile.
> [5] Nelle ipotesi previste dai commi precedenti, quando sia concessa la sospensione condizionale della pena, gli atti del procedimento vengono trasmessi al tribunale dei minorenni, che assume i provvedimenti più opportuni nell'interesse dei minori.

Si tratta della privazione della capacità di esercitare i diritti e i doveri che la legge ricollega alla posizione di genitore.

La **decadenza** dalla potestà genitoriale consegue ipso iure alla condanna all'ergastolo e alla condanna per determinati delitti (in particolare, contro la moralità ed il buon costume). La **sospensione** della potestà consegue, invece, alla condanna alla reclusione per un periodo di tempo non inferiore a 5 anni.

Passando alle **pene accessorie** previste, sempre dall'art. 19, per le **contravvenzioni**, si riscontrano solo due figure previste dall'art. 35 e dall'art. 35-bis:

### Art. 35 – Sospensione dall'esercizio di una professione o di un'arte

[1] La sospensione dall'esercizio di una professione o di un'arte priva il condannato della capacità di esercitare, durante la sospensione, una professione, arte, industria, o un commercio o mestiere, per i quali è richiesto uno speciale permesso o una speciale abilitazione, autorizzazione o licenza dell'autorità.

[2] La sospensione dall'esercizio di una professione o di un'arte non può avere una durata inferiore a tre mesi né superiore a tre anni.

[3] Essa consegue a ogni condanna per contravvenzione, che sia commessa con abuso della professione, arte, industria, o del commercio o mestiere, ovvero con violazione dei doveri ad essi inerenti, quando la pena inflitta non è inferiore a un anno d'arresto.

### Art. 35-bis – Sospensione dall'esercizio degli uffici direttivi delle persone giuridiche e delle imprese

[1] La sospensione dall'esercizio degli uffici direttivi delle persone giuridiche e delle imprese priva il condannato della capacità di esercitare, durante la sospensione, l'ufficio di amministratore, sindaco, liquidatore, direttore generale e dirigente preposto alla redazione dei documenti contabili societari, nonché ogni altro ufficio con potere di rappresentanza della persona giuridica o dell'imprenditore.

[2] Essa non può avere una durata inferiore a quindici giorni né superiore a due anni e consegue ad ogni condanna all'arresto per contravvenzioni commesse con abuso dei poteri o violazione dei doveri inerenti all'ufficio.

L'art. 36 disciplina però una **pena accessoria comune** sia ai delitti sia alle contravvenzioni:

**Art. 36 – Pubblicazione della sentenza penale di condanna**

La sentenza di condanna alla pena di morte o all'ergastolo è pubblicata mediante affissione nel comune ove è stata pronunciata, in quello ove il delitto fu commesso, e in quello ove il condannato aveva l'ultima residenza.

La sentenza di condanna è inoltre pubblicata, nel sito internet del Ministero della giustizia. La durata della pubblicazione nel sito è stabilita dal giudice in misura non superiore a trenta giorni. In mancanza, la durata è di quindici giorni.

La pubblicazione è fatta per estratto, salvo che il giudice disponga la pubblicazione per intero; essa è eseguita d'ufficio e a spese del condannato.

La legge determina gli altri casi nei quali la sentenza di condanna deve essere pubblicata. In tali casi la pubblicazione ha luogo nei modi stabiliti nei due capoversi precedenti.

Va infine sottolineato che, laddove la condanna importi una pena accessoria temporanea, e la durata di questa non è espressamente determinata, la pena accessoria ha una durata uguale a quella della pena principale inflitta, e mai può comunque superare i limiti minimo e massimo stabiliti per ciascuna specie di pena accessoria (art. 37).

## 9.4. Le pene sostitutive e le misure alternative alla detenzione

La L. 689/1981 prevede che in taluni casi il giudice, in caso di condanna, possa commutare la pena detentiva da lui irrogata in altra sanzione non detentiva.

Pene sostitutive e misure alternative alla detenzione rappresentano istituti sostanzialmente differenti in quanto, pur perseguendo la medesima finalità di limitare il più possibile lo strumento della carcerazione, sono applicabili in momenti diversi:

a) le **sanzioni sostitutive** (delle pene detentive brevi): sono predisposte per assolvere la funzione di evitare gli effetti deleteri della permanenza in carcere quando si sia in presenza di reati non gravi e di delinquenti non pericolosi. Sono:

   1. **semidetenzione**: comporta l'obbligo di trascorrere almeno 10 ore al giorno in uno degli appositi istituti in cui sono costretti i detenuti in regime di semilibertà (art. 48 o.p.), oltre a vari obblighi accessori (divieto di detenere armi, sospensione della patente di guida ecc.);

   2. **libertà controllata**: comporta, fra l'altro, l'obbligo di non allontanarsi dal comune di residenza e quello di presentarsi una volta al giorno presso il locale ufficio di pubblica sicurezza, oltre a quelle conseguenze accessorie già previste per la semilibertà;

   3. **pena pecuniaria**: comporta che il giudice, nel determinare l'ammontare della pena pecuniaria in funzione sostitutiva, individui il valore giornaliero al quale può essere assoggettato l'imputato e lo moltiplichi per i giorni di pena detentiva;

b) le **misure alternative alla detenzione**: sono finalizzate ad abituare il condannato al suo reinserimento nella vita sociale, alla sua risocializzazione, e costituiscono una modalità di espiazione di una condanna già in atto (possono infatti essere disposte solo dal magistrato di sorveglianza). Sono:

   1. **affidamento in prova ai servizi sociali** (art. 47 o.p.): il condannato a pena detentiva non superiore a 3 anni può essere affidato al servizio sociale fuori dell'istituto per un periodo uguale a quello della pena da scontare (in concreto), imponendo alcune prescrizioni (ad es. il divieto

di svolgere attività o avere rapporti personali che possano occasionare il compimento di reati). L'affidamento in prova è revocato qualora il comportamento del soggetto appaia incompatibile con la prosecuzione della prova (<u>ad es.</u> se le prescrizioni vengono violate). L'esito della prova, se positivo, estingue la pena e ogni altro effetto penale;

2. **affidamento in prova per tossicodipendenti o alcooldipendenti;**
3. **detenzione domiciliare** (art. 47-ter o.p.), che va preliminarmente distinta dagli arresti domiciliari: la detenzione domiciliare rappresenta una forma alternativa di espiazione della pena (quale reclusione carceraria), mentre gli arresti rappresentano una misura cautelare di tipo personale. La detenzione domiciliare, più che una misura alternativa alla detenzione in senso proprio, costituisce una mera modalità di esecuzione della pena per talune categorie di condannati nei confronti dei quali la sanzione penale normalmente eseguita non svolgerebbe alcuna funzione risocializzante. Il nostro ordinamento giuridico prevede diverse tipologie di detenzione domestica, tra le quali si annoverano quella ordinaria (art. 47-ter o.p.), quella speciale (art. 47-quinquies o.p.) e quella prevista per i soggetti affetti da AIDS conclamata o affetti da grave immunodeficienza (art. 47-quater o.p.). Quella ordinaria può essere concessa in presenza di pena di reclusione residua non superiore a 4 anni:
   i. quando si tratta di persona che, al momento dell'inizio dell'esecuzione della pena, o dopo l'inizio della stessa, abbia compiuto i settanta

anni di età purché non sia stato dichiarato delinquente abituale, professionale o per tendenza né sia stato mai condannato con l'aggravante di cui all'art. 99 del codice penale;

ii. donna incinta o madre di prole di età inferiore ad anni dieci con lei convivente;

iii. padre, esercente la potestà, di prole di età inferiore ad anni dieci con lui convivente, quando la madre sia deceduta o altrimenti assolutamente impossibilitata a dare assistenza alla prole;

iv. persona in condizioni di salute particolarmente gravi, che richiedano costanti contatti con i presidi sanitari territoriali;

v. persona di età superiore a sessanta anni, se inabile anche parzialmente;

vi. persona minore di anni ventuno per comprovate esigenze di salute, di studio, di lavoro e di famiglia;

4. **semilibertà** (art. 48 o.p.): più che una misura alternativa, rappresenta una modalità di esecuzione della detenzione, in quanto attenua lo stato di privazione della libertà (nel caso di pena residua inferiore a mesi 6 o soltanto dopo l'espiazione di almeno metà della pena).

## 9.5. La commisurazione della pena

Si definisce commisurazione della pena la determinazione, da parte del giudice, della quantità di pena da infliggere in concreto al reo tra il minimo ed il massimo edittali, come pure la scelta del tipo di sanzione da applicare.

In questa attività il giudice esercita un potere

discrezionale:

### Art. 132 – Potere discrezionale del giudice nell'applicazione della pena: limiti

[1] Nei limiti fissati dalla legge, il giudice applica la pena discrezionalmente; esso deve indicare i motivi che giustificano l'uso di tal potere discrezionale.

[2] Nell'aumento o nella diminuzione della pena non si possono oltrepassare i limiti stabiliti per ciascuna specie di pena, salvi i casi espressamente determinati dalla legge.

Si tratta, comunque, di una discrezionalità vincolata a limiti legislativamente predeterminati. I vincoli cui è sottoposto vengono individuati:

a) nel quadro edittale della pena;

b) nella previsione esplicita di indici di commisurazione di cui all'art. 133;

c) nell'obbligo di motivazione (di cui all'art. 132).

### Art. 133 – Gravità del reato: valutazione agli effetti della pena

Nell'esercizio del potere discrezionale indicato nell'articolo precedente, il giudice deve tener conto della gravità del reato, desunta:

1) dalla natura, dalla specie, dai mezzi, dall'oggetto, dal tempo, dal luogo e da ogni altra modalità dell'azione;

2) dalla gravità del danno o del pericolo cagionato alla persona offesa dal reato;

3) dalla intensità del dolo o dal grado della colpa.

Il giudice deve tener conto, altresì, della capacità a delinquere del colpevole, desunta:

1) dai motivi a delinquere e dal carattere del reo;

2) dai precedenti penali e giudiziari e, in genere, dalla condotta e dalla vita del reo, antecedenti al reato;

3) dalla condotta contemporanea o susseguente al reato;

4) dalle condizioni di vita individuale, familiare e sociale del reo.

L'art. 133 prevede gli indici di commisurazione:
**gravità del reato**, che va desunta:

a) dalla natura, dalla specie, dai mezzi, dall'oggetto, dal tempo, dal luogo e da ogni altra modalità dell'azione;

b) dalla gravità del danno o del pericolo cagionato alla persona offesa dal reato;

c) dalla intensità del dolo o dal grado della colpa.

Si tratta di indici fattuali che hanno riguardo alla gravità del reato considerato nelle rispettive componenti materiale e psicologiche.

Il giudice deve poi tenere conto anche della **capacità a delinquere del colpevole**, che va desunta:

a) dai **motivi a delinquere**: il motivo o movente è la causa psichica, lo stimolo che induce l'individuo a delinquere. Dal punto di vista psicologico, è un'inclinazione affettiva, e cioè un sentimento, un impulso o un istinto (<u>ad es.</u> gelosia, vendetta, paura ecc.);

b) dal **carattere del reo**: in termini psicologici è il termine di transizione (e di tensione) tra i fattori endogeni (temperamento) ed esogeni (ambiente) che contribuiscono ad integrare la personalità. Si tratta qui di una accezione lata, comprensiva di tutte le componenti della personalità;

c) dai **precedenti** penali e giudiziari e, in genere, dalla condotta e dalla vita del reo, antecedenti al reato (e dunque anche episodi, atteggiamenti e inclinazioni);

d) dalla **condotta** contemporanea o susseguente al reato:

e) dalle **condizioni di vita** individuale, familiare e sociale del reo:

La valutazione giudiziale viene così estesa dal fatto alla

personalità del reo. In assenza di ulteriori indicazioni normative, parte della DOTTRINA tende ad individuare una duplice funzione della capacità a delinquere:

a) una **funzione di graduazione della colpevolezza**, sul presupposto che tanto più riprovevole è il fatto, quanto maggiore è l'attribuibilità morale del fatto stesso all'autore;

b) una **funzione prognostica**, diretta ad accertare la potenzialità criminosa del soggetto in una prospettiva di prevenzione speciale.

Quanto alla pena pecuniaria, l'art. 133-bis prende posizione sui relativi criteri di commisurazione:

> **Art. 133-bis – Condizioni economiche del reo; valutazione agli effetti della pena pecuniaria**
> [1] Nella determinazione dell'ammontare della multa o dell'ammenda il giudice deve tener conto, oltre che dei criteri indicati dall'articolo precedente, anche delle condizioni economiche del reo.
> [2] Il giudice può aumentare la multa o l'ammenda stabilite dalla legge sino al triplo o diminuirle sino ad un terzo quando, per le condizioni economiche del reo, ritenga che la misura massima sia inefficace ovvero che la misura minima sia eccessivamente gravosa.

## 9.6. Le misure di sicurezza

Le misure di sicurezza furono introdotte con il codice Rocco nel 1930 in quanto destinate a neutralizzare la pericolosità sociale di determinate categorie di rei (in applicazione del **sistema c.d. del doppio binario**). In questa ottica, mentre la pena incentrava in sé la funzione retributiva e di prevenzione generale, la misura di sicurezza veniva ad assolvere una funzione di prevenzione speciale in quanto finalizzata alla rieducazione e alla cura del soggetto socialmente pericoloso.

La disciplina codicistica prevede tre tipi di soggetti pericolosi:

a) **delinquente abituale**: è descritto dal legislatore sulla base della legge dell'esperienza, per la quale la ripetizione di un determinato comportamento attenua sempre di più i freni inibitori e rende perciò più facile la commissione di reati;

b) **delinquente professionale**: è un tipo particolare di delinquente abituale. È cioè un soggetto incallito nel delitto, perché ne trae i mezzi di sussistenza. La dichiarazione di professionalità non presuppone necessariamente quella di abitualità;

c) **delinquente per tendenza**: secondo la discutibile definizione tradizionale (rilevando però che non trova adeguato riscontro nella realtà naturalistica), deve trattarsi di soggetto capace di intendere e di volere che manifesta mancanza di senso morale e che delinque per un'istintuale malvagità.

Come già evidenziato, in seguito al riconoscimento costituzionale del finalismo rieducativo delle stesse pene in senso stretto (art. 27 c. 3 Cost.), è oramai venuta meno quella distinzione di scopi che in origine giustificava lo sdoppiamento del sistema sanzionatorio. E la DOTTRINA infatti si interroga anche sulla oggettiva necessità di sopravvivenza delle misure di sicurezza all'interno di un diritto penale costituzionalmente orientato.

Le misure di sicurezza sono provvedimenti di carattere educativo, curativo o cautelativo, applicabili dall'autorità giudiziaria, in sostituzione o in aggiunta alla pena. I destinatari sono:

a) i **soggetti imputabili socialmente pericolosi** e i **soggetti semi-imputabili**: a queste due categorie le misure si applicano cumulativamente con la pena

(realizzando, appunto, il c.d. doppio binario);
b) i **soggetti non imputabili**: a questa categoria le misure di sicurezza si applicano in modo esclusivo.

Quanto alla **durata**, seguono la durata della pena o la durata dello stato di pericolosità.

Quanto a **tipologia**, si distinguono in:

a) **personali**, che si distinguono a loro volta in:
   1. **detentive**:
      i. **l'assegnazione ad una colonia agricola o casa di lavoro** (per i delinquenti abituali, professionali o per tendenza) (artt. 216-218);
      ii. **l'assegnazione ad una casa di cura e di custodia** (per i condannati a pena diminuita per infermità psichica, intossicazione cronica da alcool o sostanze stupefacenti e sordomutismo) (artt. 219-221);
      iii. **il ricovero in un ospedale psichiatrico giudiziario** (oggi sostituiti dalle R.E.M.S. - Residenze per l'esecuzione delle misure di sicurezza – per gli imputati prosciolti per le stesse cause di cui sopra) (art. 212);
      iv. **il riformatorio giudiziario** (per i minori non imputabili o condannati a pena diminuita) (artt. 223-227).
   2. **non detentive**:
      i. la **libertà vigilata** (artt. 228-232), consistente in una serie di limitazioni e di prescrizioni imposte per evitare nuove occasioni di reato (<u>ad es.</u> l'obbligo di dedicarsi ad una stabile attività lavorativa, l'obbligo di non ritirarsi la sera dopo una certa ora, l'obbligo di non accompagnarsi a pregiudicati ecc.);
      ii. il **divieto di soggiorno** (art. 233), consistente nell'obbligo di non soggiorna- re in uno o più comuni ovvero in una o più

province;

iii. il **divieto di frequentare osterie e pubblici spacci di bevande alcooliche** (art. 234);

iv. l'**espulsione dello straniero**, appartenente ad uno Stato membro dell'Unione Europea, dallo Stato (art. 235);

b) **patrimoniali**:

1. la **cauzione di buona condotta**, consistente nel deposito di una somma di danaro presso la Cassa delle ammende, variabile da 103 euro a 2.065 euro, per la durata massima di 5 anni;

2. la **confisca** (art. 240), consistente nella espropriazione a favore dello stato di cose che servono a commettere il reato (ad es. gli arnesi da scasso) che ne sono il prodotto, il profitto o il prezzo, nonché di beni e strumenti informatici o telematici utilizzati per la commissione di taluni reati informatici.

## 9.7. Le misure di prevenzione

Le misure di prevenzione sono misure specialpreventive, considerate tradizionalmente di natura formalmente amministrativa, dirette ad evitare la commissione di reati da parte di soggetti considerati socialmente pericolosi (dunque indipendentemente dalla commissione del reato).

La DOTTRINA ha manifestato notevoli dubbi sulla natura e sull'applicazione di queste misure, mentre la GIURISPRUDENZA ha cercato di coniugare le esigenze di prevenzione con il rispetto dei diritti riconoscendo questa disciplina nell'ambito dei principi fondamentali.

Le misure di prevenzione, previste originariamente dalla L. 1423/1956, sono estese con la L. 75/1965 (legge antimafia) alla persona indiziata di appartenere ad associazioni mafiose. Successivamente, la L. 152/1975 estende la disciplina ad ulteriori categorie di pericolosità per prevenire diverse forme di fenomeni successivi. La L. 646/82 (Rognoni-La Torre) introduce nuovi istituti del sequestro e della confisca diretti a sottrarre beni illecitamente acquisiti da soggetti cui sono applicabili misure di prevenzione personali previste dalla L. 575/75.

Seguono numerosi interventi legislativi e, con la L. 109/96, si prevede anche il riutilizzo per fini sociali dei beni immobili confiscati con l'obiettivo di restituirli alla collettività.

Con L. 92/2008 viene estesa l'applicazione della legge antimafia agli indiziati della commissione di uno dei delitti previsti dall'art. 51, c. 3-bis c.p.p. e alle persone pericolose dedite a traffici delittuosi che vivono abitualmente col provento dell'attività delittuosa. Avviene, quindi, l'applicazione disgiunta delle misure patrimoniali indipendentemente dall'irrogazione della misura personale, rimuovendo il principio di accessorietà. Con il D.Lgs. 159/2011 si adotta un vero e proprio codice antimafia e si riorganizza la sola materia delle misure di prevenzione. Le lacune di tale decreto sono alla base delle modifiche succedutesi negli anni che in questa sede non possono trovare adeguata trattazione.

# CAPITOLO 10
# LE VICENDE DELLA PUNIBILITÀ

## 10.1. Le condizioni obiettive di punibilità

La **punibilità** si definisce come la possibilità in concreto di irrogare la sanzione. Presuppone la commissione di un fatto previsto dalla legge come reato, l'assenza di cause personali di esenzione dalla pena e la presenza di eventuali condizioni obiettive di punibilità (art. 44).

> **Art. 44 – Condizione obiettiva di punibilità**
> Quando, per la punibilità del reato, la legge richiede il verificarsi di una condizione, il colpevole risponde del reato, anche se l'evento, da cui dipende il verificarsi della condizione, non è da lui voluto.

L'istituto disciplinato dall'art. 44 è uno dei più controversi tra quelli previsti dal nostro codice. L'unico dato non discusso è che devono consistere in eventi futuri ed incerti, concomitanti o successivi rispetto alla condotta dell'agente (non anche antecedenti, perché questo avrebbe effetti inaccettabili sulla prescrizione).

Le questioni problematiche attengono invece alla natura giuridica dell'istituto, alla sua posizione nella struttura del fatto di reato, alla compatibilità delle condizioni con il principio di colpevolezza ed ai criteri di individuazione delle condizioni stesse.

Circa la loro **collocazione rispetto al reato**, secondo parte della DOTTRINA la condizione è un elemento del fatto-reato, sicché se non si realizza difetta un suo elemento costitutivo. Per altri, la condizione obiettiva di punibilità non fa parte della struttura del reato, il quale si deve presupporre già perfetto, ed il sopraggiungere della condizione rende semplicemente punibile il fatto (cioè applicabile la pena).

Esempi concreti di condizione obiettiva di punibilità sono il pubblico scandalo nel delitto di incesto (art. 564); l'annullamento del matrimonio nell'induzione al matrimonio mediante inganno (art. 588). In passato era ritenuta condizione obiettiva di punibilità anche la sentenza dichiarativa di fallimento in relazione al reato di bancarotta (art. 216 L.F.), ma DOTTRINA e GIURISPRUDENZA concordemente oggi ritengono che la sentenza di fallimento sia vero e proprio elemento costitutivo del reato. In DOTTRINA si suole poi distinguere tra:

a) **condizioni obiettive di punibilità intrinseche** (o improprie) che sono partecipi dell'offensività del reato in quanto comportano un ulteriore aggravamento, e cioè una progressione dell'offesa. Ne sono esempi il pubblico scandalo (art. 564) e il pericolo di malattia nell'ambito di mezzi di correzione (art. 571);

b) **condizioni obiettive di punibilità estrinseche** (o proprie) che sono quelle, invece, estranee all'offensività del fatto e che con essa non hanno legami. Ne sono esempi l'annullamento del matrimonio (art. 588) e la sorpresa in flagranza nel reato di cui agli artt. 707 (possesso ingiustificato di chiavi alterate o di grimaldelli), 708 (possesso ingiustificato di valori), 720 (partecipazione a giuochi d'azzardo).

Le condizioni obiettive di punibilità vanno tenute distinte dalle **condizioni di procedibilità**: le condizioni di punibilità, infatti, attengono al diritto penale sostanziale; le seconde (<u>ad es.</u> la querela) attengono al diritto processuale e condizionano la possibilità o meno della celebrazione di un processo penale per un fatto-reato già commesso.

## 10.2. Le cause di estinzione del reato

La punibilità può estinguersi in virtù di cause speciali previste dalla legge, che il codice distingue in cause di estinzione del reato e cause di estinzione della pena.

Le **cause di estinzione del reato** estinguono la punibilità in astratto, cioè l'applicabilità di una certa pena all'autore di una trasgressione, antecedentemente alla sentenza definitiva di condanna:

a) **morte del reo prima della condanna** (artt. 150 e 171);

b) **amnistia** (art. 151): atto di clemenza generale con cui lo Stato rinuncia all'applicazione della pena. Si distingue tra:

    1. **amnistia propria**: è prevista per i reati per cui non sia ancora intervenuta la condanna ed estingue il reato;

    2. **amnistia impropria**: interviene dopo la sentenza irrevocabile di condanna ed estingue le pene principali e quelle accessorie, ma non gli altri effetti penali della condanna (estingue cioè la pena non il reato);

c) **prescrizione del reato** (art. 157 c.p.): costituisce una rinuncia dello stato a far valere la propria pretesa punitiva, in considerazione del lasso di tempo trascorso dalla commissione di un reato;

d) **oblazione** (artt. 162 e 162-bis): consiste nel pagamento, su richiesta dell'interessato, di una somma di denaro (che ha l'effetto di degradare il reato in illecito amministrativo e quindi di estinguerlo);

e) **perdono giudiziale** (art. 169): consiste nella rinuncia dello Stato a condannare il colpevole di un reato in considerazione della sua età e per consentirgli un più facile recupero sociale. Per ottenere il beneficio occorre che:

    1. il colpevole abbia **meno di 18 anni** all'epoca

della commissione del reato, e non abbia commesso un altro reato per il quale sia stato precedentemente condannato;

2. che il **reato commesso non sia grave** (cioè per esso debba essere applicata in concreto, una pena detentiva non superiore a 2 anni ovvero una pena pecuniaria non superiore a 1.549 euro);

f) **sospensione condizionale della pena** (art. 163 c.p.): opera quando l'autorità giudiziaria, inflitta una pena, ne sospende l'esecuzione, a condizione che, entro un certo periodo, il colpevole non commetta un nuovo reato. Se ciò invece accade, sconterà sia la precedente che la nuova pena. La sospensione è ordinata per 5 anni per i delitti; 2 anni per le contravvenzioni. Il termine decorre dal passaggio in giudicato della sentenza che concede il beneficio. Trascorso il periodo previsto, se il reo non ha commesso un reato della stessa indole, il precedente reato è estinto e non ha luogo l'esecuzione delle pene principali ed accessorie. L'applicazione è comunque rimessa alla discrezionalità del giudice e può essere disposta anche dal giudice dell'esecuzione. Per la concessione del beneficio occorre che:

1. il reo non sia stato già condannato a pena detentiva per un delitto, anche se è intervenuta la riabilitazione, e non sia delinquente o contravventore abituale o professionale;

2. alla pena non debba essere aggiunta una misura di sicurezza personale;

3. la pena inflitta per il reato commesso sia compresa nei limiti fissati dall'art. 163;

g) **sospensione del procedimento con messa alla prova** (artt.168-bis e ss.): è relativa ai procedimenti per specifici reati (si tratta, fra l'altro, di quelli puniti con la sola pena pecuniaria o con pena detentiva non superiore a quattro anni, sola, congiunta o alternativa alla pecuniaria), nei quali l'imputato può chiedere ed ottenere (non più di una volta) la sospensione del processo con messa alla prova, comportante condotte volte all'eliminazione delle conseguenze dannose o pericolose del reato, il risarcimento del danno (ove possibile), l'affidamento al servizio sociale, nonché la prestazione di lavoro di pubblica utilità. L'esito positivo della prova estingue il reato per cui si procede; in caso contrario (ad es. nel caso di rifiuto del lavoro di pubblica utilità o di commissione di un delitto non colposo o di un reato della stessa indole) la sospensione del procedimento è revocata.

## 10.2.1. La prescrizione

Il legislatore è intervenuto ripetutamente, nel corso degli ultimi anni, sull'istituto della prescrizione, al fine di arginare il problema della lunghezza dei processi e dei reati dichiarati prescritti prima dell'irrevocabilità della sentenza.

La prescrizione costituisce infatti causa estintiva del reato: il trascorrere del tempo comporta un affievolimento dell'esigenza di prevenzione propria del diritto penale, tale per cui risulterebbe irragionevole perseguire e reprimere una condotta criminosa commessa molto tempo addietro e da un soggetto ormai cambiato nel tempo.

**Art. 157 – Prescrizione. Tempo necessario a prescrivere**
[1] La prescrizione estingue il reato decorso il tempo corrispondente al massimo della pena

edittale stabilita dalla legge e comunque un tempo non inferiore a sei anni se si tratta di delitto e a quattro anni se si tratta di contravvenzione, ancorché puniti con la sola pena pecuniaria.

[2] Per determinare il tempo necessario a prescrivere si ha riguardo alla pena stabilita dalla legge per il reato consumato o tentato, senza tener conto della diminuzione per le circostanze attenuanti e dell'aumento per le circostanze aggravanti, salvo che per le aggravanti per le quali la legge stabilisce una pena di specie diversa da quella ordinaria e per quelle ad effetto speciale, nel qual caso si tiene conto dell'aumento massimo di pena previsto per l'aggravante.

[3] Non si applicano le disposizioni dell'articolo 69 e il tempo necessario a prescrivere è determinato a norma del secondo comma.

[4] Quando per il reato la legge stabilisce congiuntamente o alternativamente la pena detentiva e la pena pecuniaria, per determinare il tempo necessario a prescrivere si ha riguardo soltanto alla pena detentiva.

[5] Quando per il reato la legge stabilisce pene diverse da quella detentiva e da quella pecuniaria, si applica il termine di tre anni.

[6] I termini di cui ai commi che precedono sono raddoppiati per i reati di cui agli articoli 375, terzo comma,449 e 589, secondo e terzo comma, e 589-bis, nonché per i reati di cui all'articolo 51, commi 3-bis e 3-quater, del codice di procedura penale. I termini di cui ai commi che precedono sono altresì raddoppiati per i delitti di cui al titolo VI-bis del libro secondo, per il reato di cui all'articolo 572 e per i reati di cui alla sezione I del capo III del titolo XII del libro II e di cui agli articoli 609-bis, 609-quater, 609-quinquies e 609-octies, salvo che risulti la sussistenza delle circostanze attenuanti contemplate dal terzo comma dell'articolo 609-bis ovvero dal quarto comma dell'articolo 609-quater.

[7] La prescrizione è sempre espressamente rinunciabile dall'imputato.

[8] La prescrizione non estingue i reati per i quali la legge prevede la pena dell'ergastolo, anche

come effetto dell'applicazione di circostanze aggravanti.

Il termine necessario a prescrivere varia a seconda del reato cui inerisce. È l'art. 157 c.p. a dettare la disciplina generale della prescrizione: nel suo primo comma vengono descritti gli effetti di tale istituto ("la prescrizione estingue il reato"), il criterio adottato dal legislatore per il calcolo del tempo necessario a prescrivere ("decorso il tempo corrispondente al massimo della pena edittale stabilita dalla legge") e le due soglie minime ed inderogabili di imprescrittibilità ("comunque un tempo non inferiore a sei anni se si tratta di delitto e a quattro anni se si tratta di contravvenzione, ancorché puniti con la sola pena pecuniaria").

Ma sono elencati anche reati per i quali – in virtù della loro intrinseca gravità e del disvalore sociale che determinano – il legislatore ha previsto un raddoppio del termine di prescrizione.

Per quanto riguarda, in concreto, la determinazione del tempo di prescrizione del reato è il successivo art. 158 ad individuare il giorno dal quale inizia a decorre il termine della prescrizione (c.d. *dies a quo*):

**Art. 158 – Decorrenza del termine della prescrizione**

[1] Il termine della prescrizione decorre, per il reato consumato, dal giorno della consumazione; per il reato tentato, dal giorno in cui è cessata l'attività del colpevole; per il reato permanente o continuato, dal giorno in cui è cessata la permanenza o la continuazione.

[2] Quando la legge fa dipendere la punibilità del reato dal verificarsi di una condizione, il termine della prescrizione decorre dal giorno in cui la condizione si è verificata. Nondimeno, nei reati punibili a querela, istanza o richiesta, il termine della prescrizione decorre dal giorno del commesso reato.

[3] Per i reati previsti dall'articolo 392, comma 1-

bis, del codice di procedura penale, se commessi nei confronti di minore, il termine della prescrizione decorre dal compimento del diciottesimo anno di età della persona offesa, salvo che l'azione penale sia stata esercitata precedentemente. In quest'ultimo caso il termine di prescrizione decorre dall'acquisizione della notizia di reato.

(Testo in vigore dal 1° gennaio 2020)

Il *dies a quo* varia in base al tipo di illecito:

a) nei reati consumati decorre dal giorno in cui si assume sia stato commesso il fatto di reato;
b) nel reato tentato coincide con quello di cessazione dell'attività del colpevole;
c) nel delitto permanente (nonché in quello c.d. abituale) decorre dal giorno di cessazione della permanenza.

Per quanto attiene, invece, il termine finale entro il quale la prescrizione deve compiutamente maturare al fine di produrre il proprio effetto estintivo (c.d. *dies ad quem*), è stato individuato dalla GIURISPRUDENZA nel momento della lettura del dispositivo della sentenza di condanna, restando invece irrilevante il successivo periodo previsto per il deposito delle motivazioni.

Il meccanismo sopra illustrato, in vigore dal 1° gennaio 2020, è frutto di un preciso intervento normativo (c.d. "riforma Bonafede"). La riforma ha previsto – similmente alle esperienze giuridiche di altri paesi europei di *civil law* – l'anticipazione del *dies ad quem* della prescrizione del reato. Tale termine, dunque, non risulta più ancorato alla sentenza che definisce irrevocabilmente l'ultimo grado del giudizio. Il decorso della prescrizione viene infatti sospeso con la sentenza di primo grado o con il decreto di condanna, terminando così di decorrere con l'emissione del provvedimento giurisdizionale di primo grado. Ciò, indipendentemente dal contenuto della sentenza, sia essa di condanna o di assoluzione.

In particolare, la riforma ha introdotto al c. 2 dell'art. 159 (Sospensione del corso della prescrizione) la seguente disposizione: "il corso della prescrizione rimane altresì sospeso dalla pronunzia della sentenza di primo grado o del decreto di condanna fino alla data di esecutività della sentenza che definisce il giudizio o dell'irrevocabilità del decreto di condanna". Così facendo, la riforma ha adottato quell'impostazione propria di altri ordinamenti (quali quello tedesco) per la quale la prescrizione del reato può maturare soltanto prima della sentenza di primo grado, e non anche dopo. Dal punto di vista pratico ciò comporta che per tutti i fatti commessi dopo il 1° gennaio 2020 la prescrizione del reato non potrà più verificarsi nei giudizi di Appello e di Cassazione.

La riforma ha dunque suscitato numerose critiche, delle quali non è tuttavia possibile dare conto in questa sede.


## 10.3. Le cause di estinzione della pena

Le cause di estinzione della pena estinguono la punibilità in concreto, cioè la pena da applicare nel caso concreto (prevista da una sentenza definitiva di condanna). La pena inflitta dal giudice non è dunque eseguita nei seguenti casi:

a) **indulto** (o condono) (art. 174): è un atto di clemenza generale che opera esclusivamente sulla pena principale che viene in tutto o in parte condonata. Non incide sulle pene accessorie;

b) **morte del reo dopo la condanna** (art. 171);

c) **grazia** (art. 174): è un atto di clemenza del Capo dello stato. Essa è a titolo particolare (riguardando solo determinate persone), presuppone una sentenza irrevocabile di condanna ed è rimessa al potere discrezionale del Presidente della Repubblica;

d) **prescrizione della pena**: estingue la punibilità in concreto, potendo aver luogo solo dopo una sentenza di condanna (o un decreto irrevocabile di condanna) non eseguita;

e) **liberazione condizionale** (art. 176): rappresenta un premio per il condannato che abbia dato prova di costante buona condotta, durante il periodo di detenzione, così da far ritenere sicuro il suo ravvedimento. La pena da scontare resta sospesa e si estingue se durante il periodo di tempo pari alla pena residua, la persona liberata non commette un delitto o una contravvenzione della stessa indole di quella per cui è stata condannata e non trasgredisce agli obblighi inerenti alla libertà vigilata. in caso contrario il beneficio viene revocato (art. 177). Anche l'ergastolano può usufruire di tale istituto, dopo aver scontato 26 anni di reclusione;

f) **riabilitazione** (art. 178 e ss.): estingue le pene accessorie e gli altri effetti penali della condanna, dopo che sia trascorso il periodo di 3 anni (8 per i recidivi) dal giorno in cui la pena principale sia stata eseguita o si sia estinta, se il condannato ha dato prova effettiva e costante di buona condotta ed ha eseguito le obbligazioni civili nascenti dal reato;

g) **non menzione della condanna** nel certificato del casellario giudiziale (art. 175): può essere concessa discrezionalmente dal giudice al condannato, nel caso di prima condanna per reati non gravi;

h) l'**amnistia impropria**.

## 10.4. L'esclusione della punibilità per particolare tenuità del fatto

L'istituto della particolare tenuità del fatto è attualmente contemplato nell'art. 131-bis, introdotto dal D.Lgs. 28/2015, che ha inteso delineare una causa di non punibilità rispondente alla concezione gradualistica del reato e ai principi di sussidiarietà e di proporzionalità del diritto penale.

Dispone che, nei reati per i quali è prevista la pena detentiva non superiore nel massimo a cinque anni, ovvero la pena pecuniaria, sola o congiunta alla predetta pena, la punibilità è esclusa quando – per le modalità della condotta e per l'esiguità del danno o del pericolo, valutate ai sensi dell'art. 133 c. 1 – l'offesa è di particolare tenuità e il comportamento non risulta abituale.

L'istituto mira ad attuare una deflazione dei carichi giudiziari, nel rispetto dei principi fondamentali di offensività, sussidiarietà e proporzionalità, escludendo la punibilità in ordine a fattispecie che, astrattamente, configurano ipotesi di reato espressione di un grado minimo di offensività.

L'art 131-bis rappresenta, secondo l'orientamento accolto anche dalla GIURISPRUDENZA (che ne ha affermato la natura sostanziale) una causa di non punibilità.

L'applicazione della norma, però, prevede sempre che il giudice proceda ad un accertamento sulla commissione del fatto nonché sulla sussistenza dell'elemento soggettivo in quanto, sebbene il magistrato possa decidere di applicare la misura in oggetto, da tale applicazione possono discendere effetti non sempre favorevoli per il soggetto beneficiario:

a) **sentenza pronunciata in seguito a dibattimento**: *ex* art. 651-bis c.p.p., la sentenza penale irrevocabile di proscioglimento pronunciata per la particolare tenuità in seguito a dibattimento ha efficacia di giudicato (quanto all'accertamento della sussistenza del fatto, della sua illiceità penale e all'affermazione che l'imputato lo ha commesso) nel giudizio civile per le restituzioni o il risarcimento del danno promosso nei confronti del condannato e del responsabile civile che sia stato citato o sia intervenuto nel processo penale. In concreto, spiana la strada alle restituzioni e ad al risarcimento richiesti al condannato;

b) **sentenza dichiarata prima del dibattimento**: se la particolare tenuità del fatto viene dichiarata prima del dibattimento, non essendovi un accertamento definitivo (in merito alla sussistenza del fatto, alla sua illiceità penale e all'affermazione che l'imputato lo ha commesso), la persona offesa dovrà agire in un separato ed autonomo giudizio civile per il risarcimento del danno.

### Art. 131-bis – Esclusione della punibilità per particolare tenuità del fatto

[1] Nei reati per i quali è prevista la pena detentiva non superiore nel massimo a cinque anni, ovvero la pena pecuniaria, sola o congiunta alla predetta pena, la punibilità è esclusa quando, per le modalità della condotta e per l'esiguità del danno o del pericolo, valutate ai sensi dell'articolo 133, primo comma, l'offesa è di particolare tenuità e il comportamento risulta non abituale.

[2] L'offesa non può essere ritenuta di particolare tenuità, ai sensi del primo comma, quando l'autore ha agito per motivi abietti o futili, o con crudeltà, anche in danno di animali, o ha adoperato sevizie o, ancora, ha profittato delle condizioni di minorata difesa della vittima, anche in riferimento all'età della stessa ovvero quando la condotta ha cagionato o da essa sono derivate, quali conseguenze non volute, la morte o le lesioni gravissime di una persona. L'offesa non può altresì essere ritenuta di particolare tenuità quando si

procede per delitti, puniti con una pena superiore nel massimo a due anni e sei mesi di reclusione, commessi in occasione o a causa di manifestazioni sportive, ovvero nei casi di cui agli articoli 336, 337 e 341-bis, quando il reato è commesso nei confronti di un pubblico ufficiale nell'esercizio delle proprie funzioni.

[3] Il comportamento è abituale nel caso in cui l'autore sia stato dichiarato delinquente abituale, professionale o per tendenza ovvero abbia commesso più reati della stessa indole, anche se ciascun fatto, isolatamente considerato, sia di particolare tenuità, nonché nel caso in cui si tratti di reati che abbiano ad oggetto condotte plurime, abituali e reiterate.

[4] Ai fini della determinazione della pena detentiva prevista nel primo comma non si tiene conto delle circostanze, ad eccezione di quelle per le quali la legge stabilisce una pena di specie diversa da quella ordinaria del reato e di quelle ad effetto speciale. In quest'ultimo caso ai fini dell'applicazione del primo comma non si tiene conto del giudizio di bilanciamento delle circostanze di cui all'articolo 69.

[5] La disposizione del primo comma si applica anche quando la legge prevede la particolare tenuità del danno o del pericolo come circostanza attenuante.

# RIFERIMENTI BIBLIOGRAFICI

## Manuali

Antolisei F., a cura di Conti L., *Manuale di diritto penale. Parte generale*, Giuffrè, Milano, 2003

Canestrari S., Cornacchia L., De Simone L., *Manuale di diritto penale. Parte generale*, Il Mulino, Bologna, 2017

Caringella F., Della Valle F., De Palma M., Manuale di diritto penale. Parte generale, Dike, Roma, 2020

Delpino L., Pezzano R., *Manuale di diritto penale. Parte generale*, Simone, Napoli, 2020

Fiandaca G., Musco E., *Diritto penale. Parte generale*, Zanichelli, Bologna, 2019

Garofoli R., *Manuale di diritto penale. Parte generale*, Neldiritto Editore, Molfetta, 2019

Grosso C.F., Pellissero M., Petrini D., *Manuale di diritto penale. Parte generale*, Giuffrè, Milano, 2020

Mantovani F., *Diritto penale*, CEDAM, Padova, 2017

Marinucci G., Dolcini E., Gatta G.L., *Manuale di diritto penale. Parte generale*, Giuffrè, Milano, 2020

Messina S.D., Spinnato G., *Diritto penale. Manuale breve*, Giuffrè, Milano, 2019

Pulitanò D., *Diritto penale*, Giappichelli, Torino, 2019

# INDICE ANALITICO

# INDICE SOMMARIO